MELATIH PEMIMPIN RADIKAL

Satu manual untuk melatih pemimpin dalam kumpulan-kumpulan kecil dan gereja-gereja dalaman untuk mengetuai pergerakan penubuhan gereja

Melatih Pemimpin Radikal

Satu manual untuk melatih pemimpin dalam kumpulan-kumpulan kecil dan gereja-gereja dalaman untuk mengetuai pergerakan penubuhan gereja

Oleh Daniel B. Lancaster, PhD

Diterbitkan Oleh: T4T Press

Cetakan Pertama: 2013

Semua hak terpelihara Tiada bahagian daripada buku ini boleh diterbitkan semula atau ditukar dalam apa bentuk atau dengan apa-apa cara, secara elektronik atau mekanikal, termasuk salinan, rakaman atau penggunaan mana-mana sistem simpanan dan dapatan semula maklumat, tanpa kebenaran bertulis daripada pihak penulis, kecuali untuk dimasukkan sebagai petikan singkat dalam suatu kajian semula.

Hak Cipta 2013 oleh Daniel B. Lancaster

ISBN 978-1-938920-66-0 dicetak

Semua petikan kitab, melainkan jika dinyatakan sebaliknya, adalah dari yang KITAB SUCI BIBLE, VERSI NEW INTERNATIONAL®, NIV® hak cipta © 1973, 1978, 1984 oleh International Bible Society. Digunakan dengan kebenaran dari Zondervan. Semua hak terpelihara.

Petikan kitab yang ditandakan dengan (NLT) adalah dari Kitab Suci Bible, New Living Translation, Hak Cipta © 1996, 2004. Digunakan dengan kebenaran dari Tyndale House Publishers, Inc., Wheaton, Illinois, 60189. Semua hak terpelihara.

Petikan kitab yang ditandakan dengan (NASB) dipetik dari NEW AMERICAN STANDARD BIBLE ®, Hak Cipta © 1960, 1962, 1963, 1968, 1971, 1972, 1973, 1975, 1977, 1995 oleh The Lockman Foundation. Semua hak terpelihara.

Petikan kitab yang ditandakan dengan (HCSB) adalah dari Holman Christian Standard Bible® Hak Cipta © 1999, 2000, 2002, 2003 oleh Holman Bible Publishers. Semua hak terpelihara.

Petikan kitab yang ditandakan dengan (CEV) adalah dari Contemporary English Version Copyright © 1995 oleh American Bible Society. Digunakan dengan kebenaran.

Data Pengkatalogan-dalam-Penerbitan Perpustakaan Kongres

Kandungan

Pendahuluan 7
Penghargaan 9
Prakata 11

Bahagian 1: Nat dan Bolt

Strategi Yesus 17
Melatih Pemimpin 20
Prinsip-prinsip Latihan 25

Bahagian 2: Latihan Kepimpinan

Selamat Datang 31
Berlatih Seperti Yesus 46
Memimpin Seperti Yesus 60
Berkembang Kukuh 77
Teguh Bersama 93
Kongsikan Gospel 107
Membuat Pengikut 125
Memulakan Kumpulan 143
Menambahkan Kumpulan 162
Ikuti Yesus 181

Bahagian 3: Sumber-Sumber

Pelajaran Lanjutan 197
Apendiks A 198
Apendiks B 212
Apendiks C 215
Apendiks D 217

Tom, Dalam Ingatan

Pendahuluan

Melahirkan gereja yang lebih berkesan adalah satu cabaran yang berterusan. Mereka yang terlibat dalam memberi khidmat kepada Yesus mengetahui bahawa hanya terdapat beberapa isu yang lebih kritikal daripada memastikan bahawa kaedah yang berkesan digunakan untuk melatih para pengikut. Salah satu kaedah yang paling berkesan untuk melatih pengikut pada ketika ini adalah siri *Ikuti Latihan Yesus*. Buku pertama di dalam siri ini, *Membuat Pengikut Radikal,* menyediakan pengajaran mudah yang boleh diulangi untuk mengubah pengikut-pengikut yang baru kepada disipel seperti Kristus. Buku kedua ini, mengambil satu langkah lanjutan dan menyediakan pelajaran untuk mengubah pengikut-pengikut Kristus menjadi pemimpin yang dapat menggembangkan kumpulan. *Melatih Pemimpin Radikal* oleh Dan Lancaster adalah satu pelan yang telah dicuba dan diuji untuk digunakan di dalam latihan. Ia adalah praktikal dan jelas dalam pengajarannya – menyediakan contoh-contoh, gambaran dan pengalaman praktikal kepada mereka yang dilatih.

Melatih Pemimpin Radikal tidak dapat disangkal sebagai satu kaedah yang paling berkesan untuk melatih penganut-penganut berdakwah. Bahan ini bukan sahaja berkesan, tetapi mempercepatkan pembangunan kepimpinan. Pengajaran yang disampaikan menjangkakan keperluan pemimpin, memberikan wawasan tentang bagaimana seorang pemimpin yang suci harus kelihatan, serta juga langkah-langkah untuk diikuti dalam menubuhkan gereja-gereja yang baru. Buku ini memandang ke hadapan dan membantu para pemimpin yang dilatih untuk membangunkan pemimpin yang lain dan melatih mereka juga. *Melatih Pemimpin Radikal* membantu para pemimpin memahami diri mereka sendiri serta juga orang-orang yang bekerja dengan mereka, dalam satu cahaya yang baru dengan menggunakan lapan gambar yang berkaitan dengan personaliti.

Siri Latihan Ikuti Yesus secara keseluruhannya, melengkapkan penganut-penganut baru dalam gaya yang holistik. Buku kedua di dalam siri ini terus menggunakan kaedah yang membantu dan mudah untuk dilaksanakan seperti yang dimulakan di dalam buku yang pertama. Kementerian Raja-raja menuntut hanya yang terbaik di dalam kaedah yang digunakan. Berikut merupakan pelan untuk melatih pemimpin yang memenuhi kelayakan tersebut.

Roy J. Fish

Penghargaan

Setiap buku latihan merupakan satu himpunan pengajaran-pengajaran dari dalam kehidupan. Siri Latihan Ikuti Yesus juga tidak terkecuali. Saya terhutang budi kepada mereka-mereka yang telah melatih saya, agar saya pula dapat melatih yang lain.

Beberapa rakan di Asia Tenggara telah bekerja di samping saya untuk membina bahan-bahan latihan kepimpinan ini. Terima kasih kepada Gilbert Daud, Jeri Whitfield, Craig Garison, Steve Smith, Mims Neill dan Woody & Lynn Thingpen untuk wawasan, sokongan dan bantuan anda. Kita telah bersama-sama di dalam perjalanan ini selama beberapa tahun.

Beberapa pemimpin rohani telah banyak mempengaruhi hidup saya dan saya ingin mengucapkan terima kasih kepada mereka. Dr Ricky Paris mengajar saya bagaimana untuk menemui Tuhan dengan segenap hati saya. Gaylon Lane, L.D. Baxley, dan Tom Popelka memodelkan kasih sayang yang tidak bersyarat dan kepimpinan spiritual semasa sebahagian daripada perjalanan saya. Dr Elvin McCann mengalakkan baraan api semangit Tuhan yang terdapat di dalam diri saya. Rev. Nick Olson menunjukkan kepada saya bagaimana untuk menjadi seorang lelaki yang berpegang kepada strategi dan integriti. Dr. Ben Smith memperkenalkan Yesus kepada saya dan kekal sebagai seorang yang saya percayai semenjak itu. Dr Roy Fish memberikan visi menambahkan pengikut sejak awal di gereja saya. Rev. Ron Capps mengajar saya bahawa "pemimpin yang terbaik adalah juga penganut yang baik." Terima kasih semua kerana melatih saya sebagai seorang pemimpin, agar saya dapat melatih yang lain pula.

Tom Wells telah berkhidmat sebagai pemimpin ibadat di Highland Fellowship, gereja kedua yang kami telah mulakan. Seorang pemuzik yang berbakat dan rakan yang akrab, Tom dan saya menghabiskan banyak cawan kopi bersama sambil berbual mengenai lapan gambar Kristusus. Beliau telah membantu saya membangunkan kaedah yang mudah untuk mengenalpasti personaliti yang digunakan dalam *Melatih Pemimpin Radikal*. Kami telah menyusunkan gereja yang dirancang berdasarkan lapan gambar Kristusus tersebut. Kami juga menyediakan perkhidmatan perundingan kepada gereja-gereja tempatan mengenai kesihatan gereja tersebut. Walaupun anda kini telah kembali kepada Tuhan, Tom, ketahuilah bahawa kerja anda masih marak menyala, bahawa kami mengingati anda dan begitu merindui anda.

Saya ingin memberikan ucapan terima kasih yang istimewa kepada David dan Jill Shanks yang juga menyumbang ke arah projek ini. Kemurahan hati mereka membolehkan bilangan penganut di Asia yang tidak terkira ramainya untuk menjadi lebih kuat dalam pengikut mereka, kepimpinan dan penubuhan gereja. Perbarisan di syurga akan menjadi panjang, kerana ramai yang akan menunggu untuk berkata "Terima kasih."

Akhir sekali, keluarga saya menyifatkan buku ini sebagai hadiah untuk keluarga anda. Holli, isteri saya, dan anak-anak saya, Jeff, Zach, Karis, dan Zane, telah memberikan pengorbanan mereka dan menyokong usaha ini untuk membangunkan pemimpin kerohanian yang bersemangat dan membawa penyembuhan kepada semua bangsa.

Daniel B. Lancaster, Ph.D.
Asia Tenggara

Prakata

Tuhan telah memberikan keluarga kami keistimewaan untuk memulakan dua buah gereja di Amerika. Gereja pertama terletak di Hamilton, Texas, daerah luar bandar yang merupakan salah satu daerah yang paling miskin di Texas. Kenangan bagaimana Tuhan telah memberikan kemampuan kepada sekumpulan penganut kami untuk membina sebuah bangunan gereja dengan 200 tempat duduk, dengan bebas hutang di tengah-tengah musim kemelut ekonomi yang sukar, masih menyentuh hati sehingga ke hari ini. Tuhan telah mengubah semua kehidupan kami apabila Dia mengingati Hamilton.

Kami memulakan gereja kedua kami di Lewisville, Texas. Saya telah menghabiskan tahun-tahun sekolah rendah dan sekolah tinggi saya di Lewisville, sebuah bandar pinggiran yang progresif di kawasan Dallas dan Ft. Worth. Gereja utama saya, Lakeland Baptist, telah menaja penubuhan gereja tersebut dan bermurah hati dalam menyokong kami dari segi kewangan, emosi, dan rohani. Ianya merupakan gereja yang ke-18 yang telah mereka tubuhkan di kawasan itu. Berdasarkan pengalaman kami di dalam penubuhan gereja, paderi kami telah meminta kami untuk memulakan gereja tersebut tanpa kumpulan teras, dan bergantung terutamanya dengan permintaan pintu ke pintu.

Dua bulan ke dalam penubuhan gereja tersebut, saya mengalami kesakitan yang ketara di seluruh badan saya dan mengalami kelesuan yang teruk. Doktor telah mengenal pasti penyakit saya seperti penyakit lupus, pada hari yang sama bila anak keempat kami dilahirkan. Ujian selanjutnya mengubah diagnosis tersebut kepada ankylosing spondylitis - penyakit artritis yang menggabungkan tulang belakang, tulang rusuk dan sendi pinggul. Ubat penahan sakit yang berkuasa tinggi memberikan saya sedikit kelegaan, tetapi juga membuatkan saya mudah mengantuk. Saya hanya berupaya untuk bekerja maksimum selama dua jam sehari dan menghabiskan masa yang lain dengan berehat dan berdoa.

Tempoh ini merupakan tempoh di mana "jiwa dirasakan bagai malam yang gelap" bagi gereja kami. Kelesuan dan kesakitan yang saya alami menghadkan segala-galanya. Walaupun saya di dalam keadaan yang sangat sakit, kami merasakan seperti Tuhan masih memanggil kami untuk memulakan gereja tersebut. Kami meminta-Nya untuk melepaskan kami, tetapi Dia bertindak balas dengan mengingatkan kami bahawa pemberian-Nya adalah mencukupi. Kami merasakan seperti Tuhan telah meninggalkan kami, tetapi kasih-Nya tidak pernah goyah. Kami mempersoalkan panggilan kami, tetapi Dia terus menarik kami dengan lebih dekat kepada-Nya dan memberikan harapan kepada kami. Kami tertanya-tanya sekiranya Tuhan menghukum kami untuk dosa tidak kami ketahui, tetapi Dia memenuhi kami dengan iman bahawa Dia akan menyelamatkan mereka-mereka yang hilang dan mengembalikan mereka kepada keluarga-Nya. Impian kami untuk ke lapangan misi suatu hari nanti mula pudar dengan perlahan-lahan dan akhirnya lenyap.

Bagaimanakah anda akan melaburkan masa anda sekiranya anda hanya boleh bekerja selama dua jam sehari dalam pembinaan sebuah gereja baru? Tuhan telah memimpin kami untuk memberikan fokus terhadap membangunkan pemimpin. Saya telah belajar bagaimana untuk menghabiskan satu jam dengan seseorang pada waktu makan tengahari dan meninggalkan mereka dengan pelan strategik untuk bulan yang akan datang, yang biasanya ditulis pada sekeping tisu! Satu etos penggembangan untuk melatih mereka yang lain, yang seterusnya yang melatih mereka yang lain pula, mula dibangunkan. Kami membantu mereka untuk mengetahui bagaimana Tuhan telah "mewayarkan" mereka dan bagaimana untuk patuh kepada Kristus dalam cara-

cara yang praktikal. Ramai orang dewasa dan kanak-kanak telah memasuki alam diraja ini, meskipun kesusahan fizikal yang kami hadapi.

Tiga tahun selepas penyakit saya bermula, kami memulakan penggunaan ubat yang baru yang mengubah malam kami menjadi siang. Kesakitan dan kelesuan yang saya alami menjadi terkawal. Kami tidak kembali kepada model lama di mana paderi melakukan segala-galanya, tetapi kami tetap terus di atas jalan yang sama untuk membangunkan pemimpin. Empat tahun selepas memulakan gereja tersebut, saya telah melakukan satu perjalanan berwawasan ke Asia Tenggara bersama seorang rakan. Apabila saya keluar daripada pesawat di negeri asing itu, Tuhan bercakap kepada hati saya dan berkata, "Kamu kini di rumah." Saya menelefon isteri saya pada malam itu dan dia mengesahkan bahawa Tuhan telah memberikan panggilan yang sama kepada kami berdua. Setahun kemudian, kami menjual semua harta kami, membawa keluarga empat beranak kami, dan berpindah ke Asia Tenggara.

Kami bekerja di sebuah negara yang tertutup dan mula membuat pengikut. Kami meminta Tuhan untuk memberikan kami tiga orang lelaki dan tiga orang wanita yang kami boleh curahkan kehidupan kami kepada mereka, mengikut contoh Yesus yang memberikan tumpuan kepada Petrus, James dan John. Tuhan menjawab doa kami dan menghantar kami orang-orang yang kami boleh bersamadan melatih mereka, sebagaimana Barnabas melatih Paul. Apabila kami mula melatih lebih ramai orang untuk mengikuti Yesus, mereka telah memulakan banyak perkumpulan baru, dan ada yang berkembang menjadi gereja. Apabila mereka berkembang, kumpulan dan gereja tersebut mula bergelut dengan keperluan untuk pemimpin yang lebih ramai dan lebih baik. Negara di mana kami berada itu juga mengalami vakum kepimpinan dan kekurangan pembangunan dari segi kepimpinanan. Kami lantas memulakan kajian yang menyeluruh tentang bagaimana Yesus melatih pengikutnya sebagai pemimpin. Kami mengongsikan pengajaran ini kepada rakan-rakan kami di negara tersebut dan mendapati satu penemuan yang menarik; membuat pengikut dan melatih pemimpin adalah seperti dua permukaan syiling yang sama. "Membuat Pengikut" menerangkan permulaan perjalanan dan "melatih pemimpin" menggambarkan tentang meneruskan perjalanan tersebut. Kami juga mendapati bahawa lebih kerap kami mencerminkan Yesus, menjadikan latihan kami lebih mudah diulang dan diikuti.

Pengajaran yang boleh diikuti yang telah ajarakan kepada para pemimpin tersebut merupakan intipati manual latihan ini. Yesus merupakan pemimpin yang terbesar untuk sekalian masa dan hidup di sanubari penganut-Nya. Apabila kita mengikuti-Nya, kita menjadi pemimpin yang lebih baik. Semoga Tuhan memberkati anda sebagai seorang pemimpin dan juga mereka yang anda pengaruhi melalui manual latihan ini. Ramai pemimpin telah berjaya melatih generasi pemimpin yang lain dengan mengikuti bahan-bahan ini dan kami mendoakan rahmat Tuhan pada kehidupan anda di samping anda melakukan latihan yang sama.

Bahagian 1

NAT DAN BOLT

Strategi Yesus

Strategi Yesus untuk sampai kepada rakyat melibatkan lima taktik: Teguh bersama Tuhan, berkongsi gospel, membuat pengikut, memulakan kumpulan yang membawa kepada penubuhan gereja, dan membangunkan pemimpin. Walaupun setiap taktik berdiri sendiri, ianya bergabung untuk mewujudkan proses yang bersinergi. Bahan-bahan di dalam Ikuti Latihan Yesus membolehkan pelatih untuk menjadi pemangkin bagi pergerakan penubuhan sesebuah gereja di kalangan rakyat mereka, hanya dengan mengikuti Yesus.

Ikuti Latihan Yesus bermula dengan *Membuat Pengikut Radikal* dan empat taktik pertama dalam strategi Yesus. Pengikut-pengikut belajar bagaimana untuk berdoa, mematuhi perintah Yesus, dan berjalan bersama kuasa Roh Kudus (Jadilah teguh bersama Tuhan). Para pengikut kemudian akan mengetahui bagaimana untuk menyertai Tuhan di mana Dia bekerja dan berkongsi testimoni mereka – senjata yang kuat dalam peperangan rohani. Seterusnya, mereka akan belajar bagaimana untuk mengongsikan gospel tersebut dan menjemput mereka-mereka untuk kembali kepada keluarga (Kongsikan Gospel) Tuhan. Untuk menamatkan kursus, kami menyediakan para pemimpin dengan alat-alat untuk memulakan kumpulan kecil, memberikan visi untuk pengembangan kumpulan, dan rancangan untuk mencapai komuniti mereka (Memulakan Kumpulan).

Para pengikut melahirkan dua keperluan yang mereka rasai semasa kami melatih dan mengajar mereka. Pemimpin yang mula menyerlah ini tertanya-tanya bagaimana untuk berkembang sebagai pemimpin spiritual dan apakah langkah-langkah yang perlu untuk peralihan dari satu kumpulan ke sebuah gereja. Oleh kerana taktik di dalam strategi Yesus tidak berurutan, beberapa pengikut telah meminta kami melakukan latihan kepimpinan dan kemudian latihan penubuhan gereja. Pengikut yang lain pula meminta urutan yang sebaliknya. Hasilnya, kami mula untuk menawarkan dua seminar latihan tambahan kepada pengikut yang menggunakan *Membuat Pengikut Radikal* dan bersedia untuk melatih mereka yang lain.

Memulakan Gereja Radikal membantu gereja-gereja yang sedia ada dalam memulakan kumpulan dan gereja baru – taktik keempat dalam strategi Yesus. Terdapat beberapa pemimpin yang telah memulakan gereja dan satu kesilapan yang kerap dilakukan adalah meniru struktur gereja semasa mereka bagi penubuhan gereja baru tersebut. Pendekatan ini hampir sentiasa menjanjikan hasil yang tidak seberapa. *Memulakan Gereja Radikal* membantu mengelakkan kesilapan ini dengan melatih para pengikut bagaimana untuk mengikuti lapan perintah Kristus yang dipatuhi oleh gereja-

gereja awal di dalam Kisah 2. Kumpulan-kumpulan akan bekerja melalui aplikasi praktikal bagi setiap arahan dan membangunkan perjanjian gereja mereka bersama-sama. Sekiranya kumpulan tersebut dapat merasakan kepimpinan Tuhan, maka seminar itu akan berakhir dengan satu majlis sambutan dan dedikasi sebagai sebuah gereja baru.

Melatih Pemimpin Radikal membantu para pemimpin untuk melatih mereka yang lain, untuk menjadi pemimpin rohani yang bersemangat - taktik yang kelima di dalam strategi Yesus. Salah satu asas utama di dalam pergerakan penubuhan gereja adalah pembangunan kepimpinan. Seminar ini menunjukkan para pemimpin proses yang digunakan oleh Yesus untuk melatih pemimpin dan tujuh kualiti kepimpinan Yesus, pemimpin yang terhebat sepanjang zaman. Para pemimpin dapat mengetahui jenis personaliti mereka dan cara-cara untuk membantu orang lain dengan personaliti yang berbeza untuk bekerjasama. Akhir sekali, para pemimpin akan merekebentuk dan membangunkan sebuah "Pelan Yesus" berdasarkan 12 prinsip gereja yang disampai oleh Yesus kepada pengikutnya di dalam Lukas 10. Seminar ini ditutup dengan pemimpin-pemimpin mengongsikan "Pelan Yesus" mereka dan berdoa sesama mereka. Mereka berjanji untuk melatih satu sama lain dan membangunkan pemimpin-pemimpin yang baru.

Kedua-dua *Memulakan Gereja Radikal* dan *Melatih Pemimpin Radikal* melatih para pengikut bagaimana untuk mengikut gereja Yesus dan kaedah-kaedahnya. Jurulatih memberikan para pemimpin alatan yang mereka boleh gunakan secara berulang dan kuasai dan mengongsikannya dengan orang lain. *Mengikuti Latihan Yesus* bukanlah sebuah kursus untuk dipelajari, tetapi satu cara untuk hidup. Selama lebih daripada dua ribu tahun, Tuhan telah memberkati dan mengubah kehidupan yang tidak terkira melalui kesederhanaan mengikuti Anak-Nya. Ramai penganut yang telah mengikuti strategi Yesus dan melihat budaya seluruh kaum mereka berubah. Semoga Tuhan berbuat yang sama untuk kehidupan anda dan di kalangan mereka yang anda latih untuk mengikuti Yesus.

Melatih Pemimpin

Melatih Pemimpin Radikal direka berasaskan kursus yang pertama, *Membuat Pengikut Radikal*, dan membantu mereka yang telah memulakan kumpulan penganut untuk berkembang sebagai pemimpin dan mengembangkan lebih banyak kumpulan.

HASIL-HASIL LATIHAN

Selepas melengkapkan seminar latihan ini, para peserta akan dapat:

- Mengajar pemimpin lain mengenai 10 pengajaran teras kepimpinan.
- Melatih pemimpin lain yang menggunakan proses yang boleh diulang dan dimodelkan oleh Yesus
- Mengenal pasti jenis personaliti yang berbeza dan membantu orang-orang bekerjasama sebagai satu pasukan.
- Membangunkan pelan strategik untuk mengetahui tahap kehilangan rohani di dalam komuniti mereka dan memperbanyakkan lagi perkumpulan baru.
- Memahami bagaimana untuk memimpin sebuah pergerakan penubuhan gereja.

PROSES LATIHAN

Setiap sesi latihan kepimpinan mengikut format yang sama, berdasarkan bagaimana Yesus melatih pengikutnya sebagai pemimpin. Satu panduan pengajaran generik juga boleh didapati, yang disertakan dengan tempoh masa yang dicadangkan.

PUJI-PUJIAN

- Nyanyikan dua korus atau pujian bersama-sama (atau lebih sekiranya masa mengizinkan).

(10 minit)

KEMAJUAN

- Salah seorang pemimpin berkongsi mengenai kemajuan di gereja mereka sejak kali terakhir bertemu dengan para pemimpin yang lain. Kumpulan kemudiannya berdoa untuk pemimpin tersebut dan gerejanya.

(10 minit)

MASALAH

- Jurulatih memperkenalkan suatu permasalahan kepimpinan yang lazim dihadapi dan menerangkannya menggunakan suatu kisah atau pengalaman peribadi.

(5 minit)

PELAN

- Jurulatih mengajarkan para pemimpin suatu pengajaran kepimpinan yang mudah yang memberikan wawasan dan kemahiran yang diperlukan untuk menyelesaikan masalah kepimpinan tersebut.

(20 minit)

LATIHAN

- Para pemimpin dibahagikan kepada kumpulan empat orang dan mengamalkan kaedah latihan kepimpinan dengan berbincang mengenai pengajaran yang baru dipelajari, termasuk:

    o Kemajuan di dalam bidang kepimpinan ini.
    o Masalah yang dihadapi di dalam bidang kepimpinan ini.
    o Pelan untuk memperbaiki diri masing-masing dalam tempoh 30 hari akan datang berdasarkan pelajaran kepimpinan tersebut.
    o Satu kemahiran yang merekan akan amalkan dalam tempoh 30 hari akan datang berdasarkan pelajaran kepimpinan tersebut.

- Para pemimpin berdiri dan mengulangi ayat memori sepuluh kali bersama-sama, enam kali dengan membacanya dari Kitab, dan empat kali dari ingatan.

(30 minit)

DOA

- Kumpulan empat orang tersebut berkongsi sebarang kebimbangan dan doa mereka dan berdoa untuk sesama mereka.

(10 minit)

PENUTUP

- Kebanyakan sesi akan berakhir dengan suatu aktiviti pengajaran untuk membantu para pemimpin mengaplikasikan pelajaran kepimpinan yang dipelajari dalam konteks mereka sendiri.

(15 minit)

Jadual Latihan

Gunakan panduan ini untuk memudahkan penganjuran seminar tiga hari atau program latihan 10-minggu. Setiap sesi di dalam kedua-dua jadual mengambil masa kira-kira satu setengah jam dan menggunakan **Proses Latihan Jurulatih dalam mukasurat 20.**

Latihan kepimpinan lazimnya dijalankan sebulan sekali, dua kali sebulan, atau dalam seminar selama tiga hari. Hanya pemimpin yang kini mengetuai sesuatu kumpulan perlu hadir.

Jadual Tiga Hari

	Day 1	Day 2	Day 3
8:30	Selamat Datang	Teguh Bersama	Memulakan Kumpulan
10:00	Rehat	Rehat	Rehat
10:30	Berlatih Seperti Yesus	Peraduan Drama	Menambahkan Kumpulan
12:00	Makan Tengahari	Makan Tengahari	Makan Tengahari
1:00	Memimpin Seperti Yesus	Mengongsikan Gospel	Ikuti Yesus
2:30	Rehat	Rehat	
3:00	Berkembang Kukuh	Membuat Pengikut	
5:00	Makan Malam	Makan Malam	

Jadual Mingguan

Minggu 1	Selamat Datang	Minggu 6	Mengongsikan Gospel
Minggu 2	Berlatih Seperti Yesus	Minggu 7	Membuat Pengikut
Minggu 3	Memimpin Seperti Yesus	Minggu 8	Memulakan Kumpulan
Minggu 4	Berkembang Kukuh	Minggu 9	Menambahkan Kumpulan
Minggu 5	Teguh Bersama	Minggu 10	Ikuti Yesus

Prinsip-prinsip Latihan

Membantu orang lain untuk membangunkan diri mereka sebagai pemimpin adalah suatu tugasan yang menarik dan mencabar. Bertentangan dengan pendapat popular, pemimpin boleh dibentuk, dan bukannya terus terhasil sejak dilahirkan. Untuk lebih ramai pemimpin muncul, pembangunan kepimpinan mestilah dirancang dan sistematik. Sesetengah orang keliru dan mempercayai bahawa pemimpin menjadi pemimpin berdasarkan personaliti mereka. Satu tinjauan yang ringkas terhadap pastor gereja mega yang berjaya di Amerika Syarikat, bagaimanapun, mendedahkan bahawa pastor-pastor juga mempunyai personaliti yang berbeza. Apabila kita mengikuti Yesus, kita mengikuti pemimpin yang terhebat di sepanjang zaman, dan pada masa yang sama membangunkan diri kita sendiri sebagai pemimpin.

Pemimpin yang semakin menyerlah memerlukan pendekatan yang seimbang dalam pembangunan kepimpinan. Pendekatan yang seimbang termasuklah dari segi pengetahuan, watak, kemahiran dan motivasi. Seseorang perlu kesemua empat ramuan untuk menjadi pemimpin yang berkesan. Tanpa pengetahuan, andaian yang salah dan salah faham menyalaharahkan pemimpin. Tanpa watak, seorang pemimpin akan membuat kesilapan moral dan kerohanian yang boleh menghalang misinya. Tanpa kemahiran yang diperlukan, pemimpin akan terus mencipta atau mencuba kaedah-kaedah baru yang tidak diketahui keberkesanannya (*reinvent the wheel*) atau sebaliknya menggunakan kaedah yang ketinggalan zaman. Akhir sekali, seseorang pemimpin yang mempunyai pengetahuan, watak, dan kemahiran, tetapi tidak bermotivasi akan hanya mempedulikan status quo dan memelihara kedudukannya sendiri.

Seseorang pemimpin mesti mempelajari alat-alat utama yang diperlukan untuk menyiapkan sesuatu pekerjaan yang dilakukan. Setelah menghabiskan masa yang bermakna dalam bersembahyang, setiap pemimpin memerlukan visi yang mendorong mereka. Wawasan tersebut akan menjawab persoalan, "Apakah yang perlu berlaku seterusnya?" Pemimpin perlu mengetahui tujuan bagi apa yang mereka lakukan. Mengetahui tujuan mereka akan menjawab persoalan, "Mengapakah ia penting?" Mengetahui jawapan bagi soalan ini telah memberi petunjuk kepada ramai pemimpin dalam melalui masa-masa yang sukar. Seterusnya, seseorang pemimpin mestilah mengetahui misi mereka. Tuhan membawa orang ramai bersama-sama di dalam sesebuah masyarakat untuk menjalankan kehendak-Nya. Mengetahui misi tersebut akan menjawab persoalan, "Siapakah yang perlu terlibat?" Akhir sekali, pemimpin-pemimpin yang baik mempunyai matlamat yang jelas dan tepat untuk diikuti. Lazimnya, seseorang pemimpin akan membina wawasan, tujuan dan misinya menggunakan empat hingga lima matlamat. Matlamat tersebut akan menjawab persoalan, "Bagaimanakah kita akan melakukannya?"

Kami mendapati betapa sukarnya untuk memilih pemimpin yang baru di dalam satu-satu kumpulan. Tuhan sentiasa akan mengejutkan anda dengan siapa yang dipilih-Nya! Pendekatan yang paling produktif adalah untuk menganggap seolah-olah bahawa setiap orang itu sudah merupakan seorang pemimpin. Seseorang mungkin hanya memimpin dirinya sendiri, tetapi ia tetap memimpin. Seseorang akan menjadi pemimpin yang lebih baik dalam perkadaran langsung dengan jangkaan yang diberikan (kepercayaan). Apabila kita melayan orang seperti penganut, mereka akan menjadi penganut. Apabila kita melayan orang seperti pemimpin, mereka akan menjadi pemimpin. Yesus telah memilih orang dari semua peringkat masyarakat untuk menunjukkan bahawa kepimpinan yang baik bergantung kepada bagaimana mereka mematuhi-Nya, dan bukannya bergantung kepada tanda-tanda luar yang seringkali dicari oleh kebanyakan orang. Mengapakah kita mempunyai kekurangan pemimpin? Kerana pemimpin semasa enggan memberikan peluang kepada mereka-mereka yang baru untuk memimpin.

Tidak banyak faktor dapat memberhentikan pergerakan Tuhan dengan lebih cepat daripada kekurangan kepimpinan yang bersifat ketuhanan. Malangnya, kami telah menemui vakum kepimpinan di kebanyakan tempat-tempat di mana kami mempunyai membuat latihan (termasuk di Amerika). Pemimpin yang bersifat ketuhanan adalah kunci kepada Shalom - keamanan, rahmat, dan kebenaran – di dalam sesuatu masyarakat. Satu petikan terkenal dari Albert Einstein boleh diolah semula seperti berikut: "Kita tidak boleh menyelesaikan masalah semasa kita dengan menggunakan kepimpinan tahap semasa". Tuhan menggunakan *Ikuti Latihan Yesus* untuk melengkapkan dan mendorong lebih ramai pemimpin yang baru. Kami berdoa yang sama akan berlaku untuk anda. Semoga pemimpin yang terhebat di sepanjang zaman boleh mengisi hati dan minda anda dengan keberkatan rohani, membuat anda merasa kuat dan meningkatkan pengaruh anda – yang merupakan ujian sebenar dalam kepimpinan.

Bahagian 2

Latihan Kepimpinan

1

Selamat Datang

Jurulatih dan pemimpin memperkenalkan antara satu sama lain dalam sesi pelajaran yang pertama. Para pemimpin kemudian akan mempelajari perbezaan di antara kaedah latihan Yunani dan kaedah Ibrani. Yesus telah menggunakan kedua-dua kaedah tersebut dan kita juga seharusnya melakukan yang sama. Kaedah Ibrani adalah kaedah yang paling berguna bagi melatih pemimpin dan salah satu kaedah yang paling sering digunakan dalam *Melatih Pemimpin Radikal*.

Matlamat pelajaran ini adalah bagi para pemimpin memahami strategi Yesus untuk menyampaikan mesejnya kepada dunia. Lima bahagian yang membentuk strategi Yesus termasuklah: Teguh bersama Tuhan, Berkongsi Gospel, Membuat Pengikut, Memulakan kumpulan yang membawa kepada penubuhan gereja, dan Melatih Pemimpin. Para pemimpin akan mengkaji semula pelajaran di dalam *Ikuti Latihan Yesus, Bahagian 1: Membuat Pengikut Radikal* yang melengkapkan penganut untuk berjaya dalam setiap bahagian di dalam strategi Yesus. Para pemimpin juga akan berlatih mengamalkan pembentukan visi mengikuti strategi Yesus untuk orang lain. Sesi akan berakhir dengan ketetapan untuk mengikuti Yesus dan mematuhi perintah-Nya setiap hari.

Puji-Pujian

- Nyanyikan dua korus atau pujian bersama-sama.
- Minta seorang pemimpin yang dihormati untuk berdoa bagi kehadiran Tuhan dan keberkatannya di sepanjang seminar latihan ini.

Permulaan

Memperkenalkan Para Jurulatih

- Jurulatih dan pemimpin duduk di dalam bulatan untuk memulakan sesi pembukaan. Untuk menggalakkan suasana yang tidak formal, alihkan sebarang meja yang telah disusun terlebih dahulu.
- Jurulatih menunjukkan bagaimana seorang pemimpin itu akan memperkenalkan diri mereka.
- Jurulatih dan perantis memperkenalkan antara satu sama lain. Mereka berkongsi nama, maklumat mengenai keluarga mereka, kumpulan etnik (jika sesuai) dan satu cara bagaimana Tuhan telah memberkati kumpulan yang mereka pimpin pada bulan sebelumnya.

Memperkenalkan Para Pemimpin

- Bahagikan pemimpin kepada pasangan.

"Perkenalkan pasangan anda dengan cara yang sama bagaimana perantis saya dan saya telah lakukan."

- Pemimpin perlu mempelajari nama pasangan mereka, maklumat mengenai keluarga mereka, kumpulan etnik (jika sesuai) dan satu cara bagaimana Tuhan telah memberkati kumpulan yang mereka pimpin pada bulan sebelumnya. Galakkan mereka untuk menulis maklumat tersebut di dalam buku nota pelajar mereka agar mereka tidak melupainya apabila mereka memperkenalkan pasangan mereka kemudian.
- Selepas kira-kira lima minit, minta pasangan pemimpin untuk memperkenalkan diri mereka kepada sekurang-kurangnya lima rakan yang lain dengan cara yang sama yang anda telah gunakan untuk memperkenalkan rakan anda kepada mereka.

Bagaimanakah Yesus melatih pemimpin?

- Minta para pemimpin untuk meletakkan kerusi mereka dalam barisan - kaedah tradisional yang diguanakan dalam pengajaran. Mereka harus membentuk sekurang-kurangnya dua baris dan satu lorong laluan di tengah. Para pemimpin duduk di barisan kerusi tersebut, manakala jurulatih akan berdiri di hadapan.

"Kami menggelar ini sebagai kaedah pengajaran 'Yunani'. Guru mengongsikan pengetahuannya, pelajar bertanya beberapa soalan dan semua orang memberikan perhatian kepada guru terlebih dahulu. Lazimnya, guru-guru akan mengadakan kelas mereka sebegini, terutamanya dengan kanak-kanak."

- Minta para pemimpin untuk meletakkan kerusi mereka kembali dalam bulatan sebagaimana ia disusun pada awal sesi. Pemimpin dan jurulatih membentuk sebuah bulatan dan duduk bersama-sama.

"Kami menggelar ini sebagai kaedah pengajaran 'Ibrani'. Guru bertanyakan beberapa soalan, pelajar membincangkan subjek ini dan perhatian diberikan kepada sesiapa yang bercakap, bukannya guru sahaja. Guru-guru biasanya menggunakan kaedah ini apabila mengajar orang dewasa. Kaedah pengajaran yang manakah yang digunakan oleh Yesus?"

- Benarkan para pelajar untuk membincangkan soalan tersebut dan kemudian katakan: "Kedua-duanya." Yesus menggunakan kaedah Yunani apabila dia berucap kepada orang ramai dan kaedah Ibrani apabila dia adalah melatih pengikutnya sebagai pemimpin.

"Kaedah manakah yang lazimnya digunakan oleh guru di tempat anda?"

- Guru-guru lebih kerap menggunakan kaedah Yunani. Hasilnya, kita berasa paling selesa dalam suasana tersebut.

"Dalam sesi latihan ini, kami akan menunjukkan bagaimana untuk melatih pemimpin-pemimpin sebagaimana yang dilakukan oleh Yesus. Kebanyakan sesi dalam Melatih Pemimpin Radikal akan menggunakan kaedah 'Ibrani', kerana Yesus menggunakan kaedah ini apabila beliau melatih pemimpin dan kami juga mahu mengikut-Nya."

PELAN

"Matlamat kami dalam pelajaran ini adalah untuk memahami strategi Yesus untuk menyampaikan mesejnya kepada dunia, agar kami dapat mengikuti-Nya."

Siapa Yang Membina Gereja?

–MATIUS 16:18–
MAKA AKU PUN BERKATA KEPADAMU, BAHWA ENGKAU INILAH PETRUS, DAN DI ATAS BATU INI AKU AKAN MEMBANGUNKAN SIDANG-KU; DAN SEGALA PINTU ALAM MAUT PUN TIADA AKAN DAPAT MENGALAHKAN DIA. (NLT)

"Yesus lah yang membina gereja-Nya."

Mengapakah Ia Penting Siapa Yang Membina Gereja?

–MAZMUR 127:1–
JIKALAU KIRANYA BUKAN TUHAN YANG MEMBANGUNKAN RUMAH, NISCAYA SIA-SIALAH PEKERJAAN SEGALA TUKANG AKAN DIA, MAKA JIKALAU KIRANYA BUKAN TUHAN YANG MENUNGGUI NEGERI, NISCAYA CUMA-CUMA DITUNGGUI AKAN DIA OLEH PENUNGGUNYA.(HCSB)

"Melainkan Yesus yang membina gereja, kerja-kerja kami akan tidak bermakna. Semasa kehadiran-Nya di gereja dunia dan di sepanjang sejarah gereja, Yesus sentiasa membina gereja-Nya menggunakan strategi yang sama. Marilah kita mempelajari strategi-Nya agar kita dapat mengikuti-Nya."

Bagaimanakah Yesus Membina Gereja-Nya?

- Lukiskan gambarajah di bawah, mengikut setiap seksyen, sementara anda mengongsikan strategi Yesus untuk menyampaikan mesej-Nya kepada dunia.

TEGUH BERSAMA TUHAN

–LUKAS 2:52–
MAKA YESUS PUN MAKIN BERTAMBAH-TAMBAH HIKMAT DAN BESAR-NYA, DAN MAKIN DIPERKENAN TUHAN DAN MANUSIA (CEV)

–LUKAS 4:14–
(SELEPAS GODAAN-NYA) KEMUDIAN BALIKLAH YESUS KE GALILEA DENGAN KUASA ROH; MAKA MASYHURLAH KABAR-NYA DI SELURUH JAJAHAN ITU.(NASB)

"Taktik yang pertama dalam strategi Yesus adalah 'Teguh Bersama Tuhan.' Kepimpinan Spiritual bergantung kepada hubungan yang bersih dan rapat dengan Tuhan. Untuk menjadi teguh, kita mesti patuh kepada Yesus.

🖐 Teguh Bersama Tuhan
  Naikkan tangan dan buatkan gaya seperti seorang lelaki yang kuat.

Sambil kita mematuhi Yesus, kita berdoa, mematuhi perintah-Nya, berjalan bersama semangatnya dan menyertai-Nya di mana Dia bertugas."

- ULANGKAJI SEMULA pelajaran "Doa" "Patuhi," dan "Berjalan" dengan pergerakan tangan di dalam Ikuti Latihan Yesus, Bahagian 1: Membuat Pengikut Radikal:

"Pelajaran ini melatih kita bagaimana untuk mematuhi Kristusus. Ia membantu kita untuk melatih orang lain untuk mematuhinya juga. Sebahagian daripada asas untuk teguh bersama Tuhan adalah dengan mentaati perintah-Nya. S Strategi Yesus yang selebihnya terdiri daripada arahan yang harus dipatuhi serta-merta, setiap masa, dan dari hati yang penih kasih sayang."

KONGSIKAN GOSPEL

–MARKUS 1:14-15–
SETELAH YAHYA ITU SUDAH TERTANGKAP, DATANGLAH YESUS KE TANAH GALILEA MEMASYHURKAN INJIL TUHAN, SERTA BERKATA, "WAKTUNYA SUDAH SAMPAI, KERAJAAN TUHAN SUDAH DEKAT. BERTAUBATLAH KAMU DAN PERCAYALAH AKAN INJIL ITU." (NLT)

"Kita bertambah teguh bersama Tuhan dengan berdoa dan berjalan bersama semangatnya. Satu lagi cara kita menjadi teguh bersama Tuhan adalah dengan mentaati perintah Yesus. Yesus memerintahkan kita untuk menyertai-Nya di mana Dia bekerja dan berkongsikan mana-mana berita yang baik."

> 🖐 **Kongsikan Gospel**
> Buatkan pergerakan membaling menggunakan tangan kanan anda seolah-olah anda sedang membalingkan benih.

"Bagi kebanyakan orang, mengongsikan testimoni tentang bagaimana Tuhan telah menyelamatkan mereka adalah tempat yang baik bermula apabila berkongsi berita baik dengan mereka yang lain. Orang mendengar dengan penuh minat dan suka mendengar cerita. Mengongsikan testimoni kita juga membolehkan kita untuk melihat jika Roh Kudus sedang bekerja, agar kita juga boleh menyertainya.

Apabila kita melihat Tuhan bekerja, kita mengongsikan gospel yang mudah. Pastikan untuk menanamkan benih Gospel. Ingat: tiada benih, tiadalah hasil penuaiannya."

- ULANGKAJI SEMULA pelajaran "Pergi," "Kongsi," dan "Tanam" pelajaran dengan pergerakan tangan dalam *Ikuti Latihan Yesus, Bahagian 1: Membuat Pengikut Radikal*.

"Jangan terpeHaria dengan perangkap Syaitan pada ketika ini. Ramai penganut yang keliru dan berfikir bahawa mereka perlu menjadi lebih teguh bersama Tuhan sebelum mereka boleh berkongsikan gospel. Mereka tidak sedar bahawa yang sebaliknya adalah benar. Kita akan menjadi lebih kuat selepas kita mentaati perintah Yesus, bukan sebelum. Taati perintah Yesus dengan berkongsikan Gospel dan kemudian anda akan menjadi lebih kuat dalam kepercayaan anda. Sekiranya anda

menunggu sehingga anda berasa "cukup kuat," anda tidak akan mengongsikan kepercayaan anda sehingga bila-bila."

MEMBUAT PENGIKUT

–MATIUS 4:19–
MAKA BERKATALAH YESUS KEPADA MEREKA ITU, "MARILAH, IKUTLAH AKU, MAKA AKU AKAN MENJADIKAN KAMU KELAK PENJALA ORANG."

"Apabila kita taat kepada Yesus dan mematuhi perintah-Nya untuk berkongsi gospel, orang ramai akan bertindakbalas dan mahu berkembang sebagai penganut."

✋ Membuat Pengikut

Letakkan tangan pada kedudukan jantung anda dan kemudian angkatkannya dalam keadaan menyembah. Letakkan tangan pada pinggang anda, dan kemudian diangkatkan dalam posisi berdoa yang klasik. Tangan diletakkan mengarah ke kepala, kemudian diturunkan seolah-olah anda sedang membaca sebuah buku. Angkatkan tangan ke posisi lelaki yang kuat, dan kemudian buatkan pergerakan menyapu seolah-olah anda sedang menanamkan benih.

"Arahan yang paling penting untuk dipatuhi adalah untuk mengasihi Tuhan dan orang cinta. Kami menunjukkan pengikut-pengikut baru Yesus bagaimana untuk melakukannya dengan cara yang praktikal. Kami juga mengajar mereka bagaimana untuk berdoa, mematuhi perintah Yesus, berjalan bersama Semangat, pergi ke mana Yesus bekerja, berkongsi testimoni mereka, dan berkongsi gospel yang mudah, agar mereka juga boleh menjadi teguh bersama Tuhan."

- ULANGKAJI SEMULA pelajaran "Kasih Sayang" dengan pergerakan tangannya dalam *Ikuti Latihan Yesus, Bahagian 1: Membuat Pengikut Radikal.*

MEMULAKAN KUMPULAN DAN GEREJA

–MATIUS 16:18–
MAKA AKU PUN BERKATA KEPADAMU, BAHWA ENGKAU INILAH PETRUS, DAN DI ATAS BATU INI AKU AKAN MEMBANGUNKAN SIDANG-KU; DAN SEGALA PINTU ALAM MAUT PUN TIADA AKAN DAPAT MENGALAHKAN DIA.

"Apabila kita mematuhi Yesus dan mentaati perintah-Nya, kita berkongsikan gospel dan membuat pengikut. Kemudian, kita mengikut contoh Yesus dan memulakan kumpulan-kumpulan yang beribadat, berdoa, belajar dan pergi ke gereja bersama-sama. Yesus memulakan kumpulan-kumpulan sebegini di seluruh dunia untuk mengukuhkan gereja-Nya dan membantu gereja-gereja memulakan gereja yang baru untuk kemuliaan-Nya."

✋ Memulakan Kumpulan dan Gereja
Kedua-dua tangan membuat pergerakan "masuk ke dalam", seolah-olah anda menjemput dan meminta orang ramai untuk berkumpul mengelilingi anda.

MEMBANGUNKAN PEMIMPIN

–MATIUS 10:5-8–
MAKA KEDUA BELAS ORANG INILAH DISURUHKAN OLEH YESUS DENGAN PESAN-NYA DEMIKIAN, "JANGANLAH KAMU PERGI KE NEGERI ORANG KAFIR DAN JANGAN KAMU MASUK NEGERI ORANG SAMARIA, MELAINKAN PERGILAH KAMU KEPADA SEGALA DOMBA KAUM ISRAEL

YANG SESAT ITU. MAKA SAMBIL KAMU BERJALAN ITU, KHABARKANLAH: BAHWA KERAJAAN SURGA SUDAH DEKAT. SEMBUHKANLAH ORANG YANG SAKIT, HIDUPKANLAH ORANG YANG MATI, TAHIRKANLAH ORANG YANG KENA BALA ZARAAT DAN BUANGKANLAH SEGALA SYAITAN. KERANA DENGAN PERCUMA KAMU DAPAT, BERIKANLAH JUGA DENGAN PERCUMA.

"Apabila kita mentaati Kristusus, kita menunjukkan kasih sayang kita kepada-Nya dengan mematuhi perintah-Nya. Kita mengongsikan gospel agar mereka-mereka yang hilang orang boleh kembali ke pangkuan keluarga Tuhan. Kita membuat pengikut yang mengasihi Tuhan dan manusia. Kita memulakan kumpulan yang beribadat, berdoa, belajar dan pergi ke gereja bersama-sama. Lebih banyak kumpulan akan mewujudkan keperluan untuk lebih ramai pemimpin. Mengikut Prinsip 222 dalam Timotius 2 2:2, kami melatih pemimpin, yang melatih pemimpin-pemimpin, yang seterusnya melatih lebih ramai pemimpin lagi."

✋ **Membangunkan Pemimpin**
Berdiri dalam keadaan sedia dan berikan tabik seperti seorang askar.

- ULANGKAJI pelajaran "Darabkan" dengan pergerakan tangannya dalam Ikuti Latihan Yesus, Bahagian 1: Membuat Pengikut Radikal.

"Sila elakkan salah faham yang biasa berlaku mengenai strategi Yesus. Ramai penganut yang cuba mengikuti arahan-arahan ini secara berurutan. Pertama, mereka berfikir, kami akan menyebarkan agama Kristusian; kemudian, kami akan membuat pengikut, dan sebagainya. Walau bagaimanapun, Yesus menunjukkan kita agar mematuhi semua arahan tersebut dalam setiap suasana. Sebagai contoh, apabila kita mengongsikan

gospel, kita telahpun mula melatih orang tersebut menjadi pengikut Yesus. Apabila kita membuat pengikut, kita membantu penganut baru tersebut untuk mencari kumpulan yang sedia ada atau memulakan satu kumpulan yang baru. Dari peringkat permulaan, kita harus memaparkan sikap pemimpin yang bersemangat dan bersifat kerohanian.

Strategi lima bahagian ini menerangkan bagaimana Yesus membina gereja-Nya. Pengikut-Nya meniru strategi Yesus dalam penubuhan gereja yang awal. Paul mengikuti strategi ini dalam misinya untuk mencapai bangsa-bangsa lain. Pemimpin rohani yang berjaya semasa sepanjang sejarah gereja telah melakukan yang sama. Apabila para pemimpin menyertai Yesus dalam strategi-Nya untuk mencapai dunia, Tuhan telah merahmati negara-negara tersebut dengan cara yang signifikan. Marilah kita mengikuti strategi Yesus dan melihat kemuliaan Tuhan terserlah di negara ini!"

Ayat-ayat Memori

–1 KORINTUS 11:1–
HENDAKLAH KAMU MENURUT TELADANKU, SEPERTI AKU PUN MENURUT TELADAN KRISTUSUS.(NAS)

- Semua orang berdiri dan melafazkan Ayat-ayat Memori sebanyak sepuluh kali bersama-sama. Untuk enam kali pertama, mereka menggunakan AlKitab atau nota pelajar mereka. Untuk empat kali terakhir, mereka melafazkannya dari memori. Nyatakan rujukan ayat tersebut setiap kali sebelum memetiknya dan duduk setelah siap.
- Mengikuti rutin ini akan membantu jurulatih untuk mengetahui pasukan yang manakah yang telah menyiapkan pelajaran di dalam seksyen "Amalan".

AMALAN

"Sekarang, mari kita mengamalkan apa yang kita telah pelajari mengenai strategi Yesus untuk mencapai dunia menyampaikan mesejnya kepada dunia. Kita akan bergilir-gilir mengongsikan strategi tersebut antara satu sama lain. Barulah kita akan mempunyai keyakinan untuk mengajar orang lain"

- Minta para pemimpin untuk membahagi kepada pasangan.

"Ambil sekeping kertas. Lipatkan kertas itu kepada dua. Sekarang lipatkannya sekali lagi untuk menjadi setengah, seperti yang saya tunjukkan ini. Ini akan memberikan anda empat panel untuk melukiskan strategi Yesus apabila anda membuka lipatan tersebut."

- Minta para pemimpin untuk berlatih melukis strategi Yesus dan menerangkannya kepada yang lain. *Kedua-dua pemimpin melukiskan gambar strategi tersebut pada masa yang sama. Cuma seorang pemimpin yang mengongsikan penerangannya. Para pemimpin tidak perlu mengkaji semula pelajaran dari Membuat Pengikut Radikal apabila mereka melukis gambarajah tersebut.*
- Apabila orang pertama telah siap melukis dan menerangkan gambarajah strategi Yesus, orang yang kedua juga berbuat yang sama. *Kedua-dua pemimpin melukiskan gambarajah tersebut untuk kali kedua. Kedua-dua pemimpin kemudiannya berdiri dan melafazkan Ayat-ayat Memori bersama sebanyak 10 kali, mengikut susunan yang telah diajarkan sebelum ini.*

"Apabila anda telah siap melukiskan gambarajah tersebut sebanyak dua kali dan melafazkan Ayat-ayat Memori sebanyak 10 kali bersama pasangan pertama anda, cari pasangan yang lain

dan buat latihan ini sekali lagi bersama mereka menggunakan kaedah yang sama.

Apabila anda telah siap membuat latihan ini dengan pasangan kedua anda, cari pasangan lain pula."

"Lakukan ini sehingga anda telah berlatih melukis dan menerangkan strategi Yesus untuk menyampaikan mesejnya kepada dunia bersama empat orang yang berlainan."

(Apabila para pemimpin telah menyiapkan aktiviti ini, mereka seharusnya telah mengisikan bahagian depan dan belakang kertas mereka dengan lapan gambarajah strategi Yesus secara keseluruhannya.)

PENUTUP

YESUS MENGATAKAN "IKUT SAYA"

–MATIUS 9:9–
MAKA BERJALANLAH YESUS DARI SANA, LALU DILIHATNYA SEORANG YANG BERNAMA MATIUS DUDUK DI RUMAH PENCUKAIAN; MAKA KATA YESUS KEPADANYA, "IKUTLAH AKU." LALU BANGUNLAH IA SERTA MENGIKUT DIA.

"Pemungut cukai merupakan di antara orang yang paling dibenci pada zaman Yesus. Tiada siapa akan percaya bahawa Yesus akan memanggil Matius kerana beliau adalah seorang pemungut cukai.

Oleh kerana Yesus telah memanggil Matius, ia menunjukkan bahawa Dia lebih mementingkan mengenai masa kini berbanding

Selamat Datang

dengan masa yang silam. Anda mungkin berfikir bahawa Tuhan tidak boleh berfungsi di dalam hidup anda kerana anda telah melakukan dosa-dosa yang terlalu banyak. Anda mungkin berasa malu dengan kenyataan-kenyataan yang anda telah lakukan pada masa yang lalu. Berita yang baik adalah bahawa, walaupun begitu, Tuhan menggunakan sesiapa yang memilih untuk mengikuti Yesus pada hari ini. Tuhan mencari sesiapa yang sanggup patuh dan taat.

Apabila kita mengikuti seseorang, kita meniru perbuatannya. Seseorang perantis meniru tuannya untuk mempelajari sesuatu kemahiran. Pelajar menjadi seperti guru-guru mereka. Kita semua meniru atau mengikuti seseorang. Orang yang kita ikuti itu akan untuk menjadi diri kita sendiri.

Tujuan Ikuti Latihan Yesus adalah untuk menunjukkan kepada para pemimpin bagaimana untuk meniru Yesus. Kami percaya bahawa lebih kita meniru Dia, lebih kita akan menjadi seperti-Nya. Maka dalam latihan ini, kami akan bertanyakan soalan-soalan kepimpinan, mengkaji Alkitab, mengetahui bagaimana Yesus memimpin orang lain dan mengamalkan untuk mengikuti-Nya."

- Minta seseorang pemimpin yang dihormati di dalam kumpulan anda untuk menutup pelajaran ini dengan doa memohon kerahmatan dan dedikasi untuk mengikuti strategi Yesus untuk menyampaikan mesejnya kepada dunia.

2

Berlatih Seperti Yesus

Satu masalah yang lazim di dalam penubuhan gereja-gereja atau kumpulan-kumpulan adalah keperluan untuk lebih ramai pemimpin. Usaha untuk melatih pemimpin-pemimpin sering tidak kesampaian kerana kita tidak mempunyai satu proses yang mudah untuk diikuti. Matlamat pelajaran ini adalah untuk menjelaskan bagaimana Yesus telah melatih pemimpin, agar kita boleh mengikuti cara-Nya.

Yesus melatih pemimpin dengan bertanya kepada mereka mengenai kemajuan yang telah dicapai di dalam misi mereka dan membincangkan sebarang masalah yang telah dihadapai oleh pemimpin tersebut. Beliau juga berdoa untuk mereka dan membantu mereka membuat perancangan untuk melanjutkan misi tersebut. Sebahagian penting di dalam latihan mereka adalah untuk mengamalkan kemahiran yang mereka perluakan di gereja mereka pada masa depan yang akan datang. Dalam Pelajaran 2, para pemimpin mengaplikasikan proses latihan kepimpinan ini di dalam kumpulan mereka beserta dengan strategi Yesus untuk menyampaikan mesejnya kepada dunia. Akhir sekali, para pemimpin akan membangunkan satu "pokok latihan" yang akan membantu menyelaraskan latihan dan doa-doa untuk pemimpin-pemimpin yang mereka akan latih.

PUJI-PUJIAN

- Nyanyikan dua lagu sembahan bersama-sama. Minta seorang pemimpin untuk berdoa untuk sesi ini.

KEMAJUAN

- Minta seorang pemimpin yang lain untuk berkongsi testimoni ringkas (tiga minit) bagaimana Tuhan sedang memberkati kumpulannya. Selepas pemimpin tersebut mengongsikan testimoninya, mohon kumpulan tersebut berdoa untuknya.

MASALAH

"Gereja-gereja dan kumpulan-kumpulan menyedari bahawa mereka memerlukan lebih ramai pemimpin, tetapi mereka kerap kali tidak tahu bagaimana untuk melatih pemimpin yang baru. Pemimpin semasa lazimnya memikul tanggungjawab dan tugas-tugas yang lebih sehinggalah mereka kehabisan tenaga. Para pengikut meminta pemimpin untuk melakukan lebih banyak dengan sumber yang kurang sehinggalah pemimpin itu akhirnya berputus asa. Gereja-gereja dan kumpulan-kumpulan di dalam setiap buHaria dan negara kerap menghadapi masalah yang sama ini."

Pelan

"Kita boleh belajar untuk melatih pemimpin yang bersemangat dan bersifat kerohanian. Matlamat pelajaran ini adalah untuk menunjukkan bagaimana pemimpin Yesus melatih pemimpin agar kita boleh mengikut cara-Nya."

Ulasan

Selamat Datang
Siapa yang Membina Gereja?
Mengapakah Ia Penting?
Bagaimanakah Yesus Membina Gereja-Nya?
  Teguh Bersama Tuhan ✋
  Berkongsi Gospel ✋
  Membuat Pengikut ✋
  Memulakan Kumpulan dan Gereja ✋
  Membangunkan Pemimpin ✋

-1 Korintus 11:1-Hendaklah kamu menurut teladanku, seperti aku pun menurut teladan Kristusus.(NAS)

Bagaimanakah Yesus Melatih Pemimpin?

–Lukas 10:17–
Maka kembalilah ketujuh puluh murid itu dengan sukacitanya serta berkata, "Ya Tuhan, segala setan juga takluk kepada kami atas nama Tuhan."(NLT)

KEMAJUAN

"Pengikut-pengikut akan pulang dari misi mereka dan melaporkan kemajuan yang telah mereka capai kepada Yesus. Dengan cara yang sama, kami bercakap dengan pemimpin-pemimpin yang sedang dilatih. Kami menunjukkan kecenderungan peribadi mengenai bagaimana keadaan keluarga dan kemajuan yang dibuat di gereja mereka."

> ✋ Kemajuan
> Putarkan tangan di atas satu sama lain sambil bergerak ke atas.

⊕

–MATIUS 17:19–
SETELAH ITU DATANGLAH PENGIKUT ITU KEPADA YESUS DENGAN SENYAP-SENYAP SERTA BERKATA, "APAKAH SEBABNYA KAMI INI TIADA DAPAT MEMBUANGKAN SETAN ITU?" (NLT)

MASALAH

"Pengikut-pengikut menghadapi masalah semasa berkhidmat di gereja mereka dan meminta Yesus untuk membantu mereka memahami mengapa mereka gagal. Dengan cara yang sama, kami meminta para pemimpin untuk berkongsi masalah yang mereka hadapi agar kita boleh bersama-sama memohon kepada Tuhan untuk penyelesaian."

> ✋ Masalah
> Letakkan tangan di kedua-dua belah kepala anda dan berpura-pura menarik rambut anda.

–LUKAS 10:1–
SETELAH ITU, MAKA TUHAN PUN MENENTUKAN TUJUH PULUH DUA MURID DAN MENGHANTAR MEREKA, DUA ORANG SEKALI, SEBELUMNYA, KE SEMUA BANDAR DAN TEMPAT YANG DIA AKAN PERGI.

PELAN

"Yesus memberikan para pengikut pelan yang mudah, bersifat kerohanian dan strategik untuk diikuti di dalam misi mereka. Dengan cara yang sama, kami membantu para pemimpin membuat perancangan untuk taktik mereka yang seterusnya, yang mudah, bergantung kepada Tuhan dan dapat menangani masalah-masalah yang mereka hadapi."

🖐 **Pelan**
Sebarkan tangan kiri anda seperti sehelai kertas dan "tulis" di atasnya dengan menggunakan tangan kanan.

–YOHANES 4:1-2–
SETELAH YESUS MENGETAHUI SEBAGAIMANA YANG ORANG PARISI SUDAH MENDENGAR BAHWA YESUS ITU MEMPEROLEH LEBIH BANYAK MURID DAN MEMBAPTISKAN ORANG LEBIH BANYAK DARIPADA YAHYA, (MESKIPUN YESUS SENDIRI TIADA MEMBAPTISKAN ORANG, MELAINKAN PENGIKUT-NYA MEMBAPTISKAN) (NLT)

AMALAN

"Penemuan bahawa para pengikut, dan bukannya Yesus, telah membaptiskan penganut-penganut baru mengejutkan ramai pemimpin. Dalam beberapa keadaan seperti ini, Yesus membenarkan pengikut-Nya untuk mengamalkan tugas-tugas yang mereka akan melaksanakan selepas Beliau kembali ke syurga. Dengan cara yang sama, kami memberikan para pemimpin peluang untuk mengamalkan kemahiran-kemahiran yang mereka perlukan apabila mereka kembali ke gereja mereka kelak. Kami menyediakan mereka 'tempat yang selamat' untuk berlatih, membuat kesilapan dan membina keyakinan diri mereka."

 Amalan
Gerakkan lengan anda ke atas dan bawah seolah-olah anda sedang membuat senaman angkat berat.

⊕

–LUKAS 22:31-32–
YESUS BERKATA "HAI SIMON, SIMON! TENGOKLAH IBLIS SANGAT MEMINTA KAMU, HENDAK MENAMPI KAMU SEPERTI GANDUM. TETAPI AKU INI MENDOAKAN ENGKAU, SUPAYA IMANMU JANGAN GUGUR; DAN JIKALAU ENGKAU BERTAUBAT, SOKONGLAH SAUDARA-SAUDARAMU." (CEV)

DOA

"Yesus mengetahui bahawa Petrus akan membuat kesilapan dan menghadapi godaan untuk berhenti. Yesus juga mengetahui bahawa doa adalah kunci kepada kuasa dan ketekunan dalam perjalanan kita bersama Tuhan. Berdoa bagi orang-orang yang

dipimpin adalah sokongan yang paling penting yang dapat kita berikan kepada mereka."

🖐 **Doa**
Buatkan pos klasik "tangan yang berdoa" hampir dengan muka anda.

Ayat-ayat Memori

–LUKAS 6:40–
SEORANG MURID TIADA LEBIH DARIPADA GURUNYA; TETAPI TIAP-TIAP MURID YANG SUDAH CUKUP PELAJARAN ITU AKAN MENJADI SAMA SEPERTI GURUNYA.(HCSB)

- Semua orang berdiri dan melafazkan Ayat-ayat Memori sepuluh kali bersama-sama. Untuk enam kali pertama, mereka boleh menggunakan Alkitab atau nota pelajar mereka. Untuk empat kali terakhir, mereka perlu melafazkannya dari ingatan. Setiap orang harus menyatakan rujukan ayat tersebut setiap kali sebelum memetik ayatnya. Minta para pemimpin untuk duduk apabila mereka telah selesai.
- Mengikuti rutin ini akan membantu jurulatih untuk mengetahui pasukan manakah yang telah menyiapkan pelajaran seksyen "Amalan".

LATIHAN

- Bahagikan para pemimpin ke dalam kumpulan empat orang.
- Bantu para pemimpin untuk melalui proses latihan langkah demi langkah, dengan memberikan mereka 7-8 minit untuk membincangkan setiap seksyen berikut.

ULASAN

"Apakah tiga bahagian dalam strategi Yesus untuk menyampaikan mesejnya kepada dunia?"

- Lukiskan gambarajah tersebut pada papan putih semasa para pemimpin menjawab soalan ini.

KEMAJUAN

"Bahagian manakah dari strategi Yesus merupakan bahagian yang paling mudah untuk dilakukan oleh kumpulan anda?"

MASALAH

"Kongsikan masalah yang kumpulan anda hadapi dalam mengikuti strategi Yesus untuk menyampaikan mesejnya kepada dunia. Bahagian manakah dari strategi Yesus yang merupakan bahagian paling sukar untuk dilaksanakan oleh kumpulan anda?"

PELAN

"Kongsikan satu tugasan yang anda akan mengetuai kumpulan anda untuk dilakukan dalam tempoh 30 hari akan datang yang akan membantu mereka mengikuti strategi Yesus untuk menyampaikan mesejnya kepada dunia dengan lebih berkesan."

- Setiap orang harus merekodkan pelan pasangan mereka agar mereka boleh berdoa untuk mereka kemudian.

AMALAN

"Kongsikan satu kemahiran yang anda akan amalkan secara peribadi dalam 30 hari yang akan datang untuk memperbaiki diri sebagai pemimpin kumpulan anda."

- Setiap orang harus merekodkan amalan yang akan dilakukan oleh pasangan mereka agar mereka boleh berdoa untuknya kemudian.
- Setelah setiap orang mengongsikan kemahiran yang ingin mereka amalkan, semua ahli kumpulan berdiri dan melafazkan Ayat-ayat Memori sepuluh kali bersama-sama.

DOA

"Dalam kumpulan kecil anda, luangkan sedikit masa untuk berdoa bagi pelan dan kemahiran yang masing-masing ingin amalkan untuk memperbaiki diri sebagai seorang pemimpin dalam 30 hari yang akan datang."

PENUTUP

Pokok Latihan

"'Pokok Latihan' merupakan satu alat yang berguna untuk mengaturkan dan berdoa untuk mereka-mereka yang dilatih untuk menjadi pemimpin."

- Pada papan putih, lukiskan batang dan akar pokok dan satu garisan untuk menunjukkan aras rumput.

"Saya mula melukis pokok latihan saya seperti ini. Lukiskan batang, sedikit akar dan akhirnya rumput. Alkitab mengatakan bahawa kita adalah berakar umbi dari Kristusus, maka saya akan meletakkan nama beliau di sini. Oleh kerana lukisan ini adalah pokok latihan saya, saya meletakkan nama saya di batang pokok tersebut."

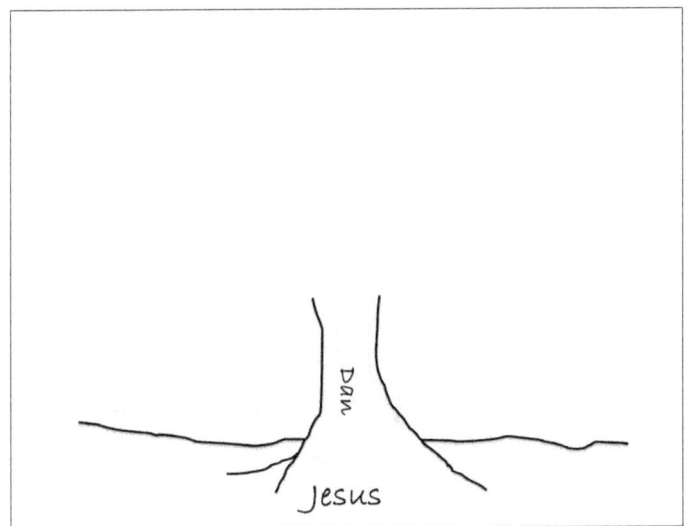

- Labelkan bahagian di bawah akar sebagai "Yesus" dan tuliskan nama anda pada batang pokok tersebut.

"Yesus melaburkan kebanyakan latihan kepimpinan beliau untuk tiga orang: Petrus, James dan John. Saya ingin mengikut-Nya, maka saya akan melakukan perkara yang sama. Tuhan telah memberikan saya tiga orang pemimpin untuk melaburkan kebanyakan masa latihan saya."

- Lukiskan tiga garisan ke atas dan ke luar dari batang pokok itu. Di atas setiap garisan tersebut, letakkan nama tiga pemimpin utama yang anda latih.

"Yesus melatih tiga orang pemimpin dan menunjukkan kepada mereka bagaimana untuk melatih orang lain. Jika setiap seorang melatih tiga orang yang lain (seperti Yesus), ia akan memberikan kita 12 orang kesemuanya. Hmmm. Yesus mempunyai dua belas orang pengikut. Bukankah ia menarik?"

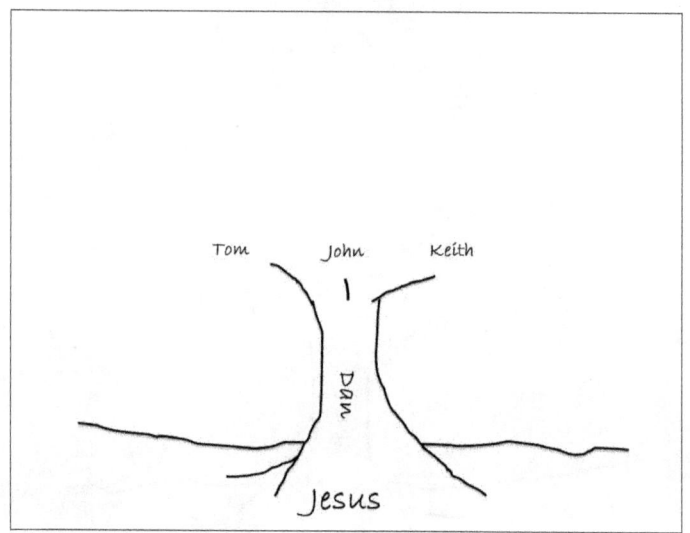

- Lukiskan tiga garisan ke atas dan ke luar dari nama setiap tiga pemimpin utama yang anda latih. Labelkan bahagian atas setiap garisan dengan nama seorang pemimpin yang dilatih oleh pemimpin utama anda. Kongsikan sebarang cerita berkenaan dengan Roh Kudus yang terlintas di fikiran anda mengenai pokok latihan anda. Lukiskan daun di sekitar batang pokok untuk melengkapkan pokok anda.

"Sekarang saya ingin anda untuk melukiskan 'Pokok Latihan' anda sendiri. Anda mungkin perlu untuk menulis beberapa nama 'dengan niat baik' tetapi cuba lakukan yang terbaik untuk menuliskan dua belas nama di atas pokok latihan tersebut. Tiga cabang pertama adalah untuk pemimpin utama yang anda akan latih. Setiap pemimpin utama tersebut mempunyai tiga cabang

yang mengandungi nama para pemimpin yang mereka akan laburkan kebanyakan masa latihan mereka untuk."

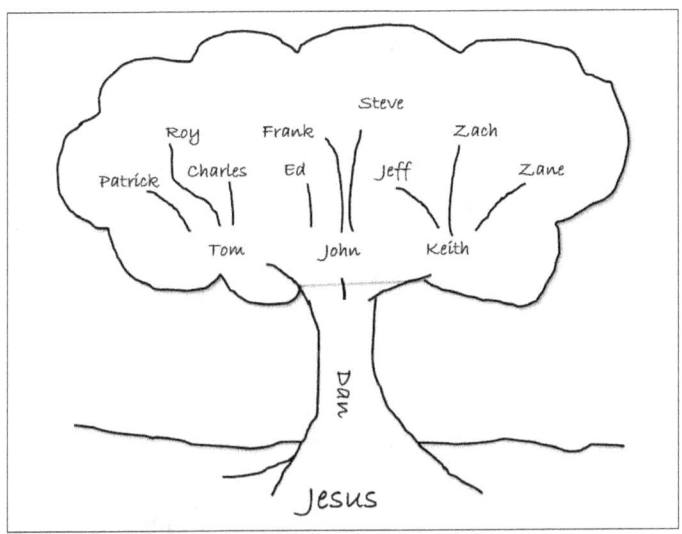

- Sementara para pemimpin sedang melukiskan "Pokok Latihan" mereka, kongsikan cerita yang berikut:

"Saya sering ditanya, 'Bagaimanakah saya harus melatih pemimpin?' Yesus mengatakan untuk bertanya dan anda akan menerimanya. Pernahkah anda bertanya kepadanya untuk apa yang anda perlukan? Latihan ini akan memberikan anda alat-alat yang anda perlukan untuk melatih pemimpin.

Yang lain pula mengatakan, 'Saya tidak tahu sesiapa yang saya boleh latih sebagai seorang pemimpin.' Yesus mengatakan untuk mencari dan anda akan menjumpainya. Adakah anda pernah mencari orang untuk dilatih atau anda hanya menunggu untuk mereka datang kepada anda? Beliau berkata 'cari' bukan 'tunggu.'

Namun, masih ada yang lain bertanya, 'Di mana saya harus bermula untuk memula pemimpin?' Yesus mengatakan untuk mengetuk dan pintu akan dibuka untuk anda. Adakah anda pernah mengetuk? Tuhan akan memberkati kita dengan arah tuju apabila kita mengambil langkah keimanan yang pertama.

Lazimnya, sebab mengapa kita tidak mempunyai "Pokok Latihan" adalah kerana kita tidak bertanya, mengetuk atau mencarinya. Apabila kita mentaati perintah Yesus, dari hati yang penuh kasih sayang, Tuhan akan memberikan kita lebih banyak peluang latihan daripada apa yang kita boleh bayangkan.

Alat ini akan membantu anda membimbing pemimpin-pemimpin lain untuk mencapai kemajuan, menangani masalah yang dihadapi, membuat pelan, amalan dan doa. "

- Minta seorang pemimpin di dalam kumpulan anda untuk menutup sesi tersebut dengan bacaan doa.

"Berdoalah untuk para pemimpin di dalam pokok latihan masing-masing dan semua pelan yang telah dilakukan di dalam kumpulan-kumpulan kecil masing-masing. Berdoalah untuk amalan yang hendak dilakukan sepanjang bulan hadapan untuk memperbaiki diri sebagai seorang pemimpin."

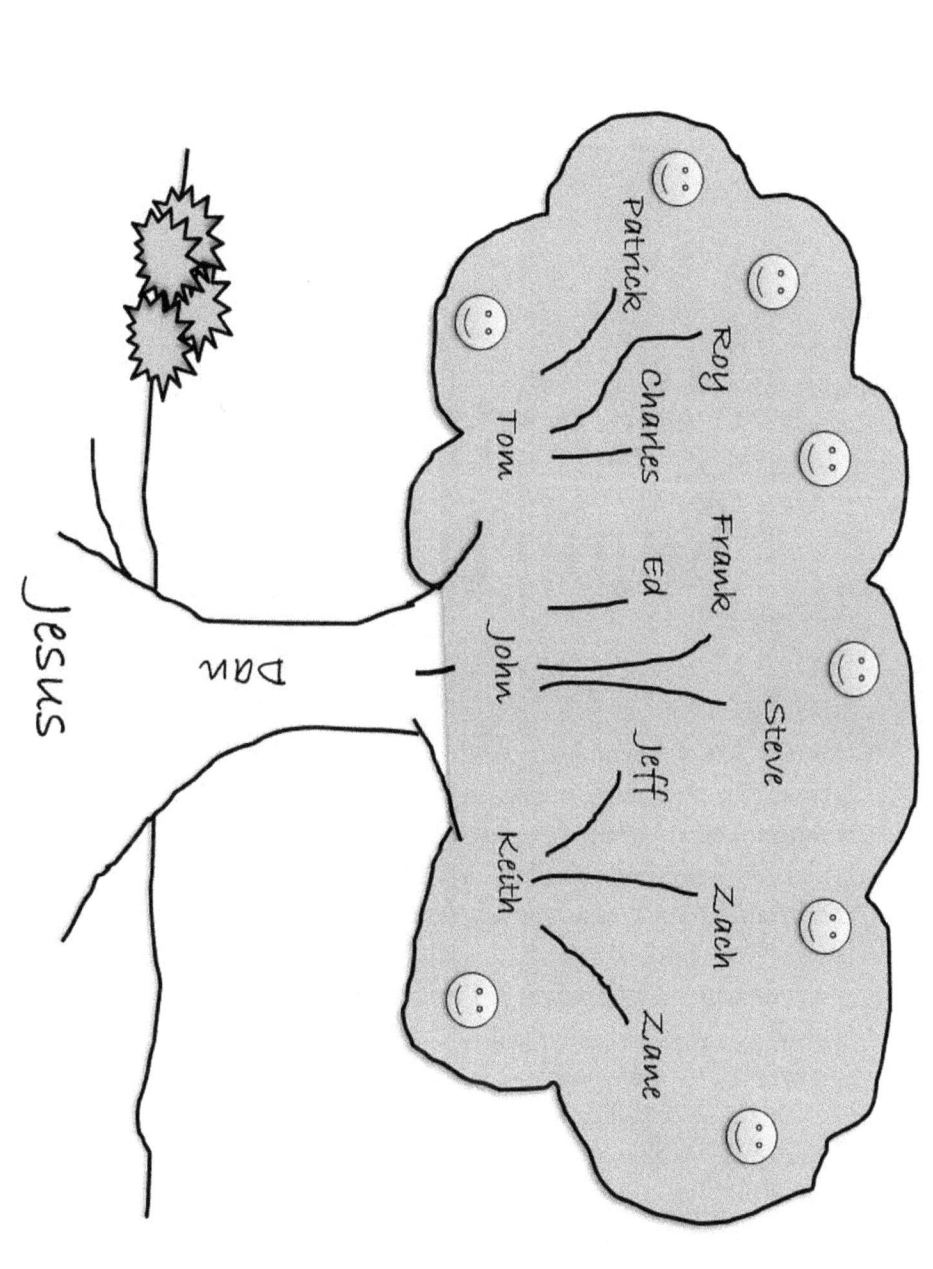

3

Memimpin Seperti Yesus

Yesus Kristus merupakan pemimpin yang terhebat di sepanjang zaman. Tiada seorang pun yang telah mempengaruhi lebih ramai orang dengan lebih kerap sebagaimana yang Beliau lakukan. Pelajaran 3 memperkenalkan tujuh kualiti pemimpin yang hebat, berdasarkan gaya kepimpinan Yesus. Para pemimpin kemudian mencerminkan diri dan menilai kekuatan dan kelemahan pengalaman kepimpinan mereka sendiri. Satu permainan membina pasukan mengakhiri sesi ini untuk memberikan pengajaran mengenai kuasa "kepimpinan bersama."

Setiap sesuatu akan naik dan jatuh berdasarkan hati seorang pemimpin, maka kita melihat bagaimana Yesus memimpin pengikut-Nya, agar kita juga boleh mengikuti cara-Nya. Yesus menyayangi mereka hingga ke akhirnya, memahami misi-Nya, mengetahui masalah-masalah di dalam kumpulan, memberikan suatu teladan untuk diikuti oleh pengikut-Nya, menanganinya dengan cara yang baik dan mengetahui bahawa Tuhan memberkati ketaatan-Nya. Semuanya mengalir dari hati kita. Oleh yang demikian, sikap hati kita adalah di mana kita mesti bermula sebagai seorang pemimpin.

Puji-Pujian

- Nyanyikan dua lagu sembahan bersama-sama. Mohon seorang pemimpin untuk berdoa bagi sesi ini.

Kemajuan

- Minta seorang pemimpin yang lain untuk berkongsi testimoni ringkas (tiga minit) bagaimana Tuhan sedang memberkati kumpulannya. Selepas pemimpin tersebut mengongsikan testimoninya, mohon kumpulan tersebut berdoa untuknya.
- Sebagai alternatif, modelkan satu contoh latihan bersama seorang pemimpin menggunakan proses latihan kepimpinan "Kemajuan, Masalah, Pelan, Amalan, Doa".

Masalah

"Dunia ini penuh dengan pemimpin yang mempunyai gaya kepimpinan yang berbeza. Sebagai seorang pengikut Yesus, apakah gaya kepimpinan yang saya perlu amalkan?"

Pelan

"Yesus merupakan pemimpin yang terhebat di sepanjang zaman. Tiada seorang pun yang telah mempengaruhi lebih ramai orang

dengan lebih kerap sebagaimana yang Beliau lakukan. Di dalam pelajarang ini, kita akan melihat bagaimana Yesus memimpin orang lain, agar kita juga boleh mengikuti cara-Nya"

Ulasan

Selamat Datang
Siapa yang Membina Gereja?
Mengapakah Ia Penting?
Bagaimanakah Yesus Membina Gereja-Nya?
  Teguh Bersama Tuhan
  Berkongsi Gospel
  Membuat Pengikut
  Memulakan Kumpulan dan Gereja
  Membangunkan Pemimpin

> -1 Korintus 11:1-Hendaklah kamu menurut teladanku, seperti aku pun menurut teladan Kristusus.(NAS)

Berlatih Seperti Yesus
Bagaimanakah Yesus Melatih Pemimpin?
  Kemajuan
  Masalah
  Pelan
  Amalan
  Berdoa

> -Lukas 6:40-Seorang murid tiada lebih daripada gurunya; tetapi tiap-tiap murid yang sudah cukup pelajaran itu akan menjadi sama seperti gurunya. (HCSB)

Siapakah yang Yesus Katakan Sebagai Pemimpin yang Terhebat?

–MATIUS 20:25-28–
TETAPI YESUS MEMANGGIL SEGALA MURID ITU, LALU KATA-NYA, "KAMU KETAHUI BAHWA ORANG YANG MEMERINTAH ATAS SEGALA BANGSA MENJALANKAN PERINTAHNYA DI ATAS MEREKA ITU, SERTA PEMBESARNYA MEMEGANG KUASA ATASNYA. TETAPI BUKANNYA DEMIKIAN DI ANTARA KAMU, MELAINKAN BARANGSIAPA YANG HENDAK MENJADI BESAR DI ANTARA KAMU, IALAH PATUT MENJADI PELAYANMU; DAN BARANGSIAPA YANG HENDAK MENJADI KEPALA DI ANTARA KAMU, IALAH PATUT MENJADI HAMBA KEPADA KAMU SEKALIAN. SEPERTI ANAK MANUSIA PUN BUKANNYA DATANG SUPAYA DILAYANI, MELAINKAN SUPAYA MELAYANI DAN MEMBERIKAN NYAWA-NYA MENJADI TEBUSAN BAGI ORANG BANYAK."(NLT)

"Pemimpin yang terhebat adalah juga hamba yang terbaik."

✋ Tabik seperti seorang askar dan kemudian letakkan tangan bersama dan tunduk seperti seorang hamba.

Apakah Tujuh Kualiti Seorang Pemimpin yang Hebat?

–YOHANES 13:1-17–
¹MAKA DAHULU DARIPADA HARI RAYA PASAH ITU, DIKETAHUI OLEH YESUS BAHWA WAKTUNYA SUDAH SAMPAI YANG IA WAJIB KELUAR DARIPADA DUNIA INI DAN PERGI KEPADA BAPA-NYA. SEDANGKAN IA SUDAH MENGASIHI SEGALA ORANG-NYA DI DALAM DUNIA INI, MAKA DIKASIHI-NYA JUGA MEREKA ITU SAMPAI KEPADA KESUDAHANNYA.

²Pada ketika perjamuan malam, tatkala Iblis sedia menggerakkan hati Yudas Iskariot, anak Simon itu, akan mengkhianati Yesus
³Sedangkan Yesus mengetahui bahwa Bapa itu sudah menyerahkan segala sesuatu ke tangan-Nya, dan lagi Ia datang daripada Tuhan dan akan kembali kepada Tuhan
⁴Maka bangunlah Ia daripada makan, serta menanggalkan jubah-Nya, lalu mengambil sehelai kain, dan mengikat pinggang-Nya.
⁵Setelah itu Ia menuang air ke dalam sebuah besen, lalu mulai membasuh kaki pengikut-Nya dan menyapu dengan kain yang terikat dipinggang-Nya itu.
⁶Kemudian datanglah Ia kepada Simon Petrus. Maka kata Petrus kepada-Nya, "Ya Tuhan, masakan Tuan membasuh kaki hamba ini?"
⁷Jawab Yesus serta berkata kepadanya, "Barang yang Aku perbuat, engkau tiada tahu sekarang, tetapi kemudian kelak engkau mengerti."
⁸Maka kata Petrus kepada-Nya, "Jangan sekali-kali Tuan membasuh kaki hamba ini." Jawab Yesus kepadanya, "Jikalau tiada Aku membasuhkan engkau, tiadalah engkau beroleh bahagian bersama-sama dengan Aku."
⁹Maka kata Simon Petrus kepada-Nya, "Ya Tuhan, jangankan kaki hamba sahaja, melainkan juga tangan dan kepala hamba."
¹⁰Kata Yesus kepadanya, "Siapa yang sudah mandi itu tak usah dibasuh lain daripada kakinya sahaja, karena sucilah ia semata-mata; kamu ini pun suci, tetapi bukan semua kamu."
¹¹Kerana Ia sudah tahu orang yang akan menyerahkan Dia; oleh sebab itulah Ia berkata, "Bukannya semua kamu suci."

¹²TATKALA YESUS SUDAH MEMBASUH KAKI SEMUA MURID-NYA DAN MEMAKAI JUBAH-NYA, LALU DUDUKLAH IA PULA SERTA BERKATA KEPADA MEREKA ITU, "MENGERTIKAH KAMU YANG AKU PERBUAT KEPADAMU?
¹³KAMU INI MEMANGGIL AKU GURU DAN TUHAN, MAKA BETULLAH KATAMU ITU, KARENA AKULAH DIA.
¹⁴JIKALAU AKU, TUHAN DAN GURU, SUDAH MEMBASUH KAKIMU, PATUTLAH KAMU JUGA MEMBASUH KAKI SAMA SENDIRI.
¹⁵KERANA AKU SUDAH MEMBERI TELADAN KEPADA KAMU, SUPAYA KAMU JUGA BERBUAT SAMA SEPERTI AKU PERBUAT KEPADAMU.
¹⁶SESUNGGUH-SUNGGUHNYA AKU BERKATA KEPADAMU: SEORANG HAMBA TIADALAH LEBIH BESAR DARIPADA TUANNYA, DAN SEORANG PESURUH PUN TIADALAH LEBIH BESAR DARIPADA YANG MENYURUH DIA.
¹⁷KINI KAMU TELAH MENGETAHUI PERKARA INI, KAMU AKAN DIBERKATI BILA KAMU MELAKUKANNYA.

1. PEMIMPIN YANG HEBAT MENYUKAI ORANG RAMAI

"Dalam ayat 1, Yesus dan pengikutnya sedang berkongsi jamuan terakhir sebelum Yesus disalibkan. Alkitab mengatakan bahawa Yesus mengasihi mereka sehingga ke akhirnya dan menunjukkan kepada mereka betapa banyaknya Dia mengasihi mereka semasa jamuan ini.

Sebagai seorang pemimpin, ia boleh menjadi sukar untuk mengasihi orang ramai apabila mereka melakukan kesilapan, tetapi Yesus mengasihi orang-orang yang dipimpin-Nya sehingga ke akhirnya.

Sebagai seorang pemimpin, ia boleh menjadi sukar untuk mengasihi orang ramai apabila mereka mengkritik anda, tetapi Yesus mengasihi orang-orang yang dipimpin-Nya sehingga ke akhirnya.

Sebagai seorang pemimpin, ia boleh menjadi sukar untuk mengasihi orang ramai apabila mereka mengecewakan anda, tetapi Yesus mengasihi orang-orang yang dipimpin-Nya sehingga ke akhirnya."

✋ **Mengasihi Orang**
Tepuk dada dengan tangan.

2. PEMIMPIN YANG HEBAT MENGETAHUI MISI MEREKA

"Dalam ayat 3, Alkitab mengatakan bahawa Yesus mengetahui dari mana Dia datang, ke mana Dia akan pergi, dan bahawa Tuhan telah meletakkan segala-galanya di bawah kuasa-Nya.

Yesus mengetahui bahawa Dia telah datang ke bumi untuk satu tujuan.

Yesus mengetahui bahawa Dia telah datang ke bumi untuk mati di atas salib untuk dosa-dosa kita.

Yesus mengetahui bahawa Dia telah datang ke bumi untuk mengalahkan syaitan dan mengembalikan kepercayaan kita kepada Tuhan.

Tuhan memberikan setiap orang misi yang unik untuk dipenuhi sementara berada di muka bumi. Pemimpin yang hebat mengetahui misi mereka dan memberi inspirasi kepada orang lain untuk mengikuti mereka."

✋ Ketahui Misi Mereka
Tabik seperti seorang askar dan anggukkan kepala, "ya".

3. PEMIMPIN YANG HEBAT BERKHIDMAT UNTUK PENGIKUT MEREKA

"Dalam ayat 4, Yesus bangun dari tempat makan dan membuka pakaian luar-Nya. Kemudian, dia membalut sehelai tuala di keliling pinggang-Nya dan mula membasuh kaki pengikutnya.

Pemimpin dunia mengharapkan pengikut mereka untuk berkhidmat kepada mereka. Pemimpin seperti Yesus pula berkhidmat untuk pengikut mereka.

Pemimpin dunia mengenakan kawalan dan menggunakan kuasa terhadap orang-orang yang mereka pimpin. Pemimpin seperti Yesus pula memberi kuasa kepada pengikut mereka.

"Pemimpin dunia memberi tumpuan kepada diri mereka sendiri dan bukannya orang-orang yang mereka pimpin. Sebaliknya, pemimpin seperti Yesus memberikan fokus terhadap keperluan pengikut mereka, dengan mengetahui bahawa Tuhan akan memenuhi keperluan mereka sebagaimana mereka mengambil berat untuk orang lain. Tuhan merahmati kita supaya kita dapat memberkati orang lain pula."

✋ Berkhidmat untuk Pengikut
Tunduk dengan kedua-dua tangan dalam posisi berdoa yang klasik.

4. PEMIMPIN YANG HEBAT MEMPERBETULKAN KESILAPAN DENGAN KEBAIKAN HATI

"Dalam ayat-ayat 6 hingga 9, Petrus telah membuat beberapa kesilapan, tetapi setiap kali Yesus memperbetulkannya dia dengan baik hati.

Petrus meminta Yesus agar tidak membasuh kakinya. Yesus berkata kepadanya bahawa ia adalah perlu bagi persahabatan mereka. Dia memperbetulkannya dengan cara yang baik.

Petrus kemudian memberitahu Yesus untuk membasuh keseluruhan badannya. Yesus memberitahunya bahawa dia sudahpun bersih, sekali lagi memperbetulkannya dengan kebaikan.

Pemimpin dunia sering mengkritik, menyalahkan dan merendah-rendahkan orang. Pemimpin seperti Yesus memperbetulkan dengan kebaikan, menggalakkan pengikut mereka dan membawa orang ke tahap yang lebih tinggi."

✋ **Memperbetulkan Dengan Kebaikan Hati**
Buatkan tanda hati dengan menggunakan jari indeks dan ibu jari kedua-dua tangan.

5. PEMIMPIN YANG HEBAT MENGETAHUI MASALAH-MASALAH SEMASA DI DALAM KUMPULAN MEREKA

"Dalam ayat-ayat 10 dan 11, Alkitab memberitahu kita bahawa Yesus mengetahui bahawa Judas membawa masalah di dalam kumpulannya dan akan mengkhianati-Nya.

Memahami di manakah wujudnya masalah di dalam sesuatu kumpulan dan menghadapainya merupakan salah satu bahagian yang penting di dalam kepimpinan. Ramai pemimpin yang cuba untuk menyembunyikan masalah yang dihadapi oleh kumpulan mereka, tetapi ini hanya akan menjadikannya lebih besar.

Perhatikan bagaimana Yesus menunjukkan kekangan dalam berurusan dengan Judas, mengetahui bahawa Tuhanlah yang akan membalas kejahatan, dan bukannya pemimpin itu sendiri."

> Masalah-masalah di dalam Kumpulan
> Letakkan kedua-dua tangan di tepi kepala anda seolah-olah anda berasa sakit kepala.

6. PEMIMPIN YANG HEBAT MEMBERIKAN CONTOH YANG BAIK UNTUK DIIKUTI

"Dalam ayat-ayat 12 hingga 16, Yesus telah menerangkan mengapa Dia membasuh kaki pengikutnya. Beliau adalah pemimpin mereka, namun Beliau membasuh kaki mereka iaitu tugas seorang hamba. Yesus menunjukkan pengikutnya bahawa kepimpinan termasuklah berkhidmat untuk satu sama lain.

Pengikut akan mencerminkan dan mengikut pemimpin mereka. Jika kita mengikuti Yesus, mereka yang mengikuti kita sebagai pemimpin juga akan mengikuti Yesus."

> Berikan Contoh yang Baik
> Tunjuk ke arah syurga dan anggukkan kepala, 'ya'.

7. PEMIMPIN YANG HEBAT MENGETAHUI BAHAWA MEREKA DIBERKATI

"Dalam ayat 17, Yesus memberitahu pengikutnya bahawa Tuhan akan memberkati mereka sebagaimana mereka memimpin orang lain dengan berkhidmat untuk mereka.

Memimpin orang lain adalah kerap kali sesuatu yang sukar, tetapi mereka-mereka yang mengikuti Yesus tahu bahawa mereka diberkati.

Memimpin orang lain adalah kerap kali sesuatu yang sunyi, tetapi Yesus merahmati mereka yang memimpin dengan kehadiran-Nya.

Pengikut kadangkala tidak menghargai pemimpin mereka, tetapi Yesus menjanjikan sokongan Tuhan apabila kita mengikuti contoh-Nya dalam memimpin dengan berkhidmat untuk orang lain."

🖐 Tahu bahawa mereka diberkati
   Tadahkan tangan dengan puji-pujian kepada syurga.

Memory Ayat-ayat Memori

–YOHANES 13:14-15–
JIKALAU AKU, TUHAN DAN GURU, SUDAH MEMBASUH KAKIMU, PATUTLAH KAMU JUGA MEMBASUH KAKI SAMA SENDIRI. KERANA AKU SUDAH MEMBERI TELADAN KEPADA KAMU, SUPAYA KAMU JUGA BERBUAT SAMA SEPERTI AKU PERBUAT KEPADAMU.

- Semua orang berdiri dan melafazkan Ayat-ayat Memori sepuluh kali bersama-sama. Untuk enam kali pertama, mereka boleh menggunakan Alkitab atau nota pelajar mereka. Untuk empat kali terakhir, mereka perlu melafazkannya dari ingatan. Nyatakan rujukan ayat tersebut setiap kali sebelum memetik ayatnya dan duduk apabila mereka telah selesai.

- Mengikuti rutin ini akan membantu jurulatih untuk mengetahui pasukan manakah yang telah menyiapkan pelajaran seksyen "Amalan".

LATIHAN

- Bahagikan para pemimpin ke dalam kumpulan empat orang.

"Sekarang, kita akan menggunakan proses latihan yang sama yang digunakan oleh Yesus untuk mengamalkan apa yang kita telah pelajari dalam pelajaran kepimpinan ini."

- Bantu para pemimpin untuk melalui proses latihan langkah demi langkah, dengan memberikan mereka 7-8 minit untuk membincangkan setiap seksyen berikut.

KEMAJUAN

"Kongsikan dengan kumpulan anda yang mana di antara tujuh kualiti pemimpin yang hebat itu adalah yang paling mudah untuk anda."

MASALAH

"Kongsikan dengan kumpulan anda yang mana di antara tujuh kualiti pemimpin yang hebat itu adalah yang paling mencabar untuk anda.."

PELAN

"Kongsikan satu tugasan yang anda akan pimpin kumpulan anda untuk dilakukan dalam 30 hari yang akan datang yang akan membantu mereka dalam mengikuti contoh kepimpinan Yesus."

- Setiap orang harus merekodkan pelan pasangan masing-masing agar mereka boleh berdoa untuk mereka kemudian.

AMALAN

"Kongsikan satu kemahiran yang anda akan amalkan secara peribadi dalam tempoh 30 hari yang akan datang untuk membantu memperbaiki diri anda sebagai pemimpin di dalam kumpulan anda."

- Setiap orang harus merekodkan amalan latihan pasangan masing-masing agar mereka boleh berdoa untuk mereka kemudian.
- Selepas setiap orang telah mengongsikan kemahiran yang mereka ingin amalkan, ahli-ahli kumpulan berdiri dan melafazkan Ayat-ayat Memori sepuluh kali bersama-sama.

DOA

"Luangkan sedikit masa untuk berdoa bagi pelan dan kemahiran yang masing-masing ingin amalkan dalam 30 hari yang akan datang untuk memperbaiki diri sebagai seorang pemimpin."

Penutup

Chinlone

- Minta enam orang sukarelawan untuk memaparkan keupayaan ★ Chinlone mereka kepada kumpulan. Bantu mereka untuk membuat sebuah bulatan untuk bermain di tengah-tengah bilik.

    "Saya telah meminta sebuah pasukan Chinlone yang terkenal untuk menunjukkan kemahiran mereka. Tepukkan tangan untuk menunjukkan penghargaan kita kepada mereka kerana sudi datang."

- Aturkan pemain dengan seorang di hadapan kumpulan sebagai "ketua." Minta mereka yang lain untuk membuat dua barisan yang menghadap ketua tersebut.

    "Mula-mula, pasukan Chinlone terkenal kita akan menunjukkan bagaimana untuk bermain Chinlone 'Yunani'. Dengar peraturan-peraturan yang mereka akan ikuti. Setiap orang mesti menendang bola Chinlone kepada si ketua. Selepas ketua menerima bola, dia akan menendang bola tersebut kepada pemain yang lain. Kami akan mendenda sesiapa yang menyepak bola kepada pemain lain, dan bukannya kepada ketua."

- Minta pasukan tersebut untuk menunjukkan cara "Yunani" untuk bermain Chinlone. Bermain Chinlone dengan cara ini akan menjadi janggal dan mengelirukan untuk para pemain. Dengan cara yang lucu, sambar sesiapa yang memberikan bola kepada pemain lain selain daripada ketua. Jerit, "Penalti!" Betulkan kesilapan mereka dan tunjukkan kepada mereka bahawa mereka harus menendang bola hanya kepada ketua tersebut.

"Apa yang berlaku apabila mereka bermain Chinlone dengan cara ini?" (Memainkan permainan ini dengan peraturan tersebut adalah sukar. Pemain kelihatan bosan. Ianya tidak menyeronokkan)

- Sekarang, minta para pemain untuk membentuk sebuah bulatan Chinlone yang biasa, tetapi letakkan "ketua" di tengah-tengah bulatan tersebut.

"Kali ini kita akan meminta kumpulan Chinlone untuk bermain menggunakan cara Ibrani, tetapi dengan ketua yang cuba untuk mengawal segala-galanya. Kita akan menggunakan peraturan-peraturan yang sama seperti sebelum ini - pemain perlu menendang bola kepada ketua yang kemudiannya akan menendang bola kepada orang yang lain."

- Pasukan tersebut akan bermain dengan lebih baik kali ini, tetapi ketuanya akan menunjukkan tanda-tanda keletihan selepas beberapa minit permainan. Umumkan mana-mana penalti dengan cara yang lucu sekiranya pemain menyepak bola kepada seseorang selain daripada ketua mereka.

"Apa yang berlaku apabila mereka bermain Chinlone dengan cara ini?" (Ketua pasukan bekerja keras dan menjadi sangat letih. Pemain-pemain membuat banyak kesilapan. Ia juga membosankan.)

- Minta para pemain membentuk sebuah bulatan Chinlone yang tradisional dengan setiap orang, termasuk ketua pasukan, membentuk bulatan tersebut. Beritahu mereka, mereka tidak perlu menendang bola kepada ketua pasukan setiap kali. Suruh mereka bermain Chinlone seperti yang selalu dilakukan.

"Sekarang, kita akan meminta pasukan Chinlone terkenal kita untuk menunjukkan bagaimana untuk bermain Chinlone dengan cara Ibrani yang sebenar."

- Biarkan mereka bermain untuk beberapa minit sehingga semua peserta seminar keseronokan melihat mereka dan membuat komen mengenai permainan mereka.

"Apa yang berlaku apabila mereka bermain Chinlone dengan cara ini?" (Keseluruhan pasukan bermain bersama. Keseluruhan pasukan berjaya. Mereka bermain dengan menakjubkan.)

Cara ketiga bermain Chinlone adalah satu contoh yang baik mengenai kepimpinan pengikut. Ketua tersebut membantu semua orang di dalam kumpulan yang mengambil bahagian dan memberikan sumbangan. Ketua pasukan tidak menguruskan segala-galanya, tetapi memberi pemain yang lain kebebasan untuk mengekspresikan gaya mereka yang unik. Ini adalah contoh kepimpinan yang Yesus berikan diikuti."

- Minta salah seorang pemimpin di dalam kumpulan untuk menutup sesi dengan doa.

"Berdoalah untuk kita semua sebagai pemimpin untuk memimpin seperti Yesus dan untuk semua pelan yang kami telah buat di dalam kumpulan kecil kami. Berdoalah juga untuk kemahiran kita akan kita amalkan untuk memperbaiki diri kita sebagai pemimpin dalam 30 hari yang akan datang."

*Chinlone adalah nama satu permainan yang biasanya dimainkan oleh kaum lelaki di Myanmar. Peserta membuat bulatan dan menendang sebiji bola rotan di antara satu sama lain dengan hanya menggunakan kaki mereka. Matlamat Chinlone adalah untuk memastikan bola tidak jatuh ke tanah untuk seberapa lama yang boleh. Pemain sering berlatih untuk menyempurnakan tendangan yang khas dan untuk menarik perhatian yang lain. Ketinggian dan ketepatan tendangan membawa tepukan yang paling banyak dari penonton dan peserta yang lain.

Permainan Chinlone dimainkan di seluruh Asia, tetapi setiap negara mempunyai nama yang berbeza untuknya. Semak dengan penduduk tempatan untuk mendapatkan nama permainan tersebut di kawasan di mana anda berada.

Sekiranya anda adalah melatih pemimpin di kawasan yang tidak mempunyai permainan seperti "Chinlone," anda boleh menggantikan bola tersebut dengan sebuah guni bulat yang berisikan belon untuk menjalankan permaian dengan matlamat latihan yang sama.

4

Berkembang Kukuh

Pemimpin-pemimpin anda latih akan memimpin kumpulan dan belajar bagaimana mendesaknya memimpin orang lain. Pemimpin-pemimpin akan menghadapi peperangan rohani yang signifikan dari luar kumpulan mereka dan perbezaan personaliti di dalam kumpulan. Kunci kepada kepimpinan yang berkesan adalah untuk mengenalpasti jenis-jenis personaliti yang berbeza dan mempelajari bagaimana untuk bekerja dengan mereka secara berkesan sebagai satu pasukan. Pelajaran "Berkembang Kukuh" memberikan pemimpin cara yang mudah untuk membantu orang ramai mengetahui jenis personaliti mereka. Apabila kita memahami bagaimana Tuhan telah menjadikan kita, kita akan mempunyai petunjuk yang kukuh tentang bagaimana kita boleh menjadi lebih kuat kepada-Nya.

Terdapat lapan jenis personaliti: askar, pencari, gembala, penyemai, anak lelaki/perempuan, santo, hamba dan pelayan. Selepas membantu para pemimpin mengenalpasti jenis mereka, jurulatih akan membincangkan kekuatan dan kelemahan bagi setiap jenis personaliti. Ramai orang yang menganggap bahawa Tuhan mengasihi orang-orang yang jenis personalitinya lebih dihargai oleh budaya mereka. Pemimpin lain pula percaya bahawa kemampuan kepimpinan adalah bergantung kepada personaliti. Kepercayaan-kepercayaan yang menghadkan ini adalah tidak benar. Sesi ini berakhir dengan memberikan penekanan bahawa pemimpin harus melayan setiap orang sebagai individu. Latihan kepimpinan perlu menangani keperluan individu masing-masing dan bukannya berdasarkan satu saiz untuk semua.

Puji-Pujian

- Nyanyikan dua lagu sembahan bersama-sama. Mohon seorang pemimpin untuk berdoa bagi sesi ini.

Kemajuan

- Minta seorang pemimpin yang lain untuk berkongsi testimoni ringkas (tiga minit) bagaimana Tuhan sedang memberkati kumpulannya. Selepas pemimpin tersebut mengongsikan testimoninya, mohon kumpulan tersebut berdoa untuknya.
- Sebagai alternatif, modelkan satu contoh latihan bersama seorang pemimpin menggunakan model latihan kepimpinan "Kemajuan, Masalah, Pelan, Amalan, Doa".

Masalah

"Pemimpin sering tersilap dengan mengharapkan pengikut mereka untuk bertindak dan bertindak balas dengan cara yang sama. Tuhan, bagaimanapun, telah menjadikan manusia dengan

personaliti yang berbeza-beza. Satu kunci kepada kepimpinan yang berkesan adalah mengenalpasti jenis personaliti yang berbeza dan mempelajari bagaimana untuk bekerja dengan mereka dengan cara yang paling berkesan sebagai satu pasukan.

Yesus merupakan seorang anak lelaki dan mahukan kasih sayang dan perpaduan memenuhi keluarganya. Memahami personaliti-personaliti yang berbeza akan membantu kita untuk mengasihi orang lain dengan lebih."

PELAN

"Dalam pelajaran ini, kita akan mempelajari 8 jenis personaliti yang berbeza. Anda akan mengenalpasti jenis personaliti yang telah diberikan oleh Tuhan kepada anda dan bagaimana untuk membantu orang lain mengenalpasti jenis personaliti mereka. Setiap penganut boleh menjadi lebih kukuh dalam kepercayaannya kepada Tuhan apabila mereka memahami bagaimana Tuhan telah menjadikan mereka."

Ulasan

Selamat Datang
Siapa yang Membina Gereja?
Mengapakah Ia Penting?
Bagaimanakah Yesus Membina Gereja-Nya?
  Teguh Bersama Tuhan ✋
  Berkongsi Gospel ✋
  Membuat Pengikut ✋
  Memulakan Kumpulan dan Gereja ✋
  Membangunkan Pemimpin ✋

–1 Korintus 11:1–Hendaklah kamu menurut teladanku, seperti aku pun menurut teladan Kristusus.(NAS)

Berlatih Seperti Yesus
    Bagaimanakah Yesus Melatih Pemimpin?
        Kemajuan 🖐
        Masalah 🖐
        Pelan 🖐
        Amalan 🖐
        Berdoa 🖐

–Lukas 6:40–Seorang murid tiada lebih daripada gurunya; tetapi tiap-tiap murid yang sudah cukup pelajaran itu akan menjadi sama seperti gurunya. (HCSB)

Memimpin Seperti Yesus
    Siapakah Yang Yesus Katakan Sebagai Pemimpin yang Terhebat? 🖐
    Apakah Tujuh Kualiti Seorang Pemimpin yang Hebat?
      1. Pemimpin yang Hebat Menyukai Orang Ramai 🖐
      2. Pemimpin yang Hebat Mengetahui Misi Mereka 🖐
      3. Pemimpin yang Hebat Berkhidmat untuk Pengikut Mereka 🖐
      4. Pemimpin yang Hebat Memperbetulkan Kesilapan Dengan Kebaikan Hati 🖐
      5. Pemimpin yang Hebat Mengetahui Masalah-masalah Semasa di dalam Kumpulan Mereka 🖐
      6. Pemimpin yang Hebat Memberikan Contoh yang Baik untuk Diikuti 🖐
      7. Pemimpin yang Hebat Mengetahui Bahawa Mereka Diberkati 🖐

–Yohanes 13:14-15–Jikalau Aku, Tuhan dan Guru, sudah membasuh kakimu, patutlah kamu juga membasuh kaki sama sendiri. **Kerana Aku sudah memberi teladan kepada kamu, supaya kamu juga berbuat sama seperti Aku perbuat kepadamu.**

Personaliti Manakah yang Tuhan Telah Berikan Kepada Kamu?

- Minta para pemimpin untuk melukiskan satu bulatan yang besar pada sehelai kertas yang bersih di dalam buku nota mereka.

"Bulatan yang saya lukiskan ini mewakili semua orang di dalam dunia ini."

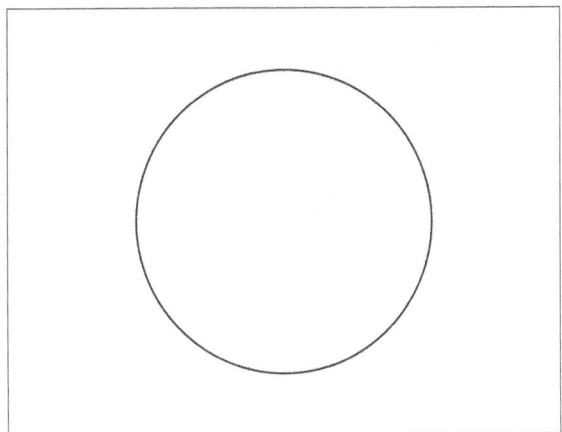

- Minta para pemimpin untuk melukiskan satu garisan mendatar yang membahagikan bulatan tersebut kepada dua bahagian yang sama. Labelkan bahagian kanan bulatan tersebut sebagai "perhubungan" dan labelkan bahagian kiri bulatan tersebut sebagai "tugas."

"Setiap orang akan termasuk di dalam salah satu daripada kumpulan ini: mereka yang lebih 'fokus terhadap tugas' mereka dan mereka yang lebih 'fokus terhadap perhubungan' mereka. Tuhan menciptakan kedua-dua jenis orang, maka tiada satu pun yang lebih baik dari yang lain; ini lah cara Tuhan telah menciptakan manusia. Pilih satu titik pada garisan tersebut yang anda rasakan titik yang terbaik untuk mewakili diri anda."

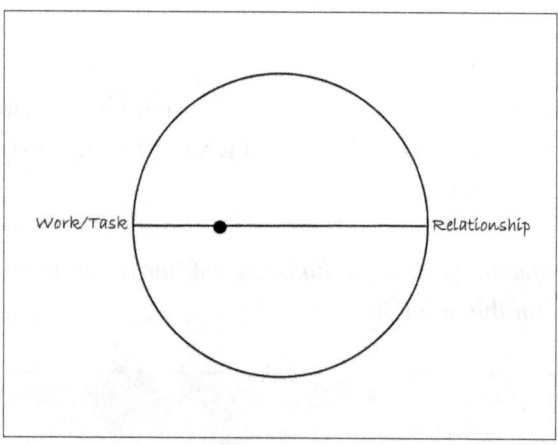

(Seseorang yang lebih fokus terhadap tugasnya akan meletakkan titik tersebut lebih hampir kepada sebelah kiri bulatan tersebut. Seseorang yang lebih fokus terhadap perhubungannya akan meletakkan titik tersebut lebih hampir kepada sebelah kanan bulatan. Sekiranya seseorang merasakan dia adalah separuh tugas dan separuh perhubungan, suruh mereka meletakkan titik tersebut berhampiran dengan titik tengah bulatan tetapi ianya mesti berada di sebelah kiri atau kanan titik tersebut.)

"Kongsikan keputusan anda dengan jiran anda dan lihat sama ada mereka bersetuju dengan titik yang anda telah pilih. Luangkan sebanyak lima minit untuk melakukan ini."

- Minta para pemimpin untuk melukiskan garisan menegak yang membahagikan bulatan tersebut kepada empat bahagian yang sama besarnya. Labelkan bahagian atas bulatan sebagai "ekstrovert" dan bahagian bawah bulatan sebagai "introvert."

"Setiap orang di dalam dunia juga akan termasuk di dalam alah satu daripada dua kumpulan: mereka yang lebih berorientasikan 'luaran' (ekstrovert) dan mereka yang lebih berorientasikan 'dalaman' (introvert). Tiada yang lebih baik daripada yang satu lagi. Ini lah cara Tuhan telah menciptakan manusia.

Pilih satu titik pada garisan menegak tersebut yang mewakili pilihan diri anda."

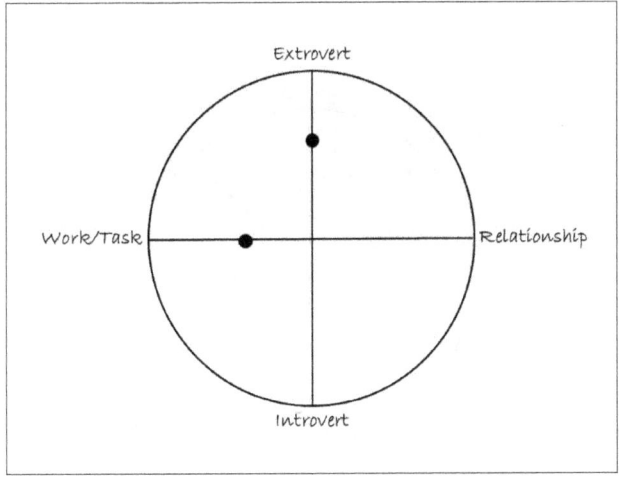

(Seseorang yang berorientasikan luaran akan meletakkan titiknya berdekatan dengan bahagian atas bulatan. Seseorang yang berorientasikan dalaman akan meletakkan titiknya berdekatan dengan bahagian bawah bulatan. Sekiranya seseorang merasakan dia adalah separuh ekstrovert dan separuh introvert, suruh mereka meletakkan titik tersebut berhampiran dengan titik tengah bulatan tetapi ianya mesti berada di sebelah atas atau bawah titik tersebut.)

"Kongsikan keputusan anda dengan jiran anda dan lihat sama ada mereka bersetuju dengan titik yang anda telah pilih. Luangkan sebanyak tiga minit untuk melakukan ini."

- Minta para pemimpin untuk melukiskan dua garisan diagonal (membentuk X) yang akan sekarang membahagikan bulatan tersebut kepada lapan bahagian yang sama rata.
- Para pemimpin akan kemudian melukiskan satu kekotak bergarisan titik untuk menentukan di bahagian manakah terletaknya personaliti mereka.
- Ilustrasi di bawah menunjukkan gambarajah yang lengkap bagi seorang yang mempunyai personaliti pencari.

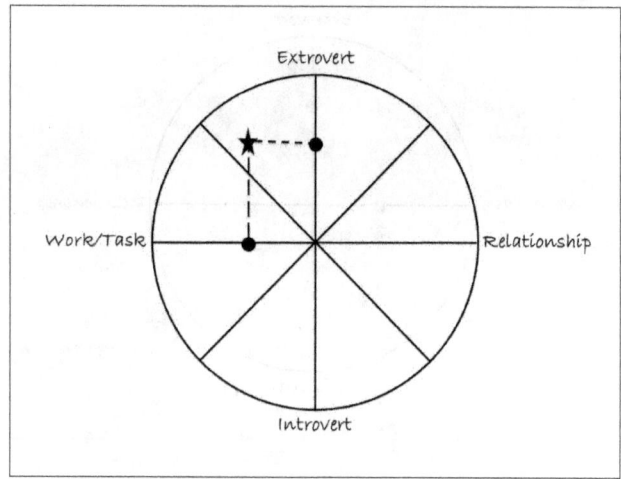

- Bermula pada bahagian 9:00-10:30, ikut arah jam dan terangkan lapan jenis personaliti yang berikut:
- Tuliskan nama jenis personaliti sambil anda menerangkan kualiti-kualiti positif dan negatif bagi setiap jenis personaliti.

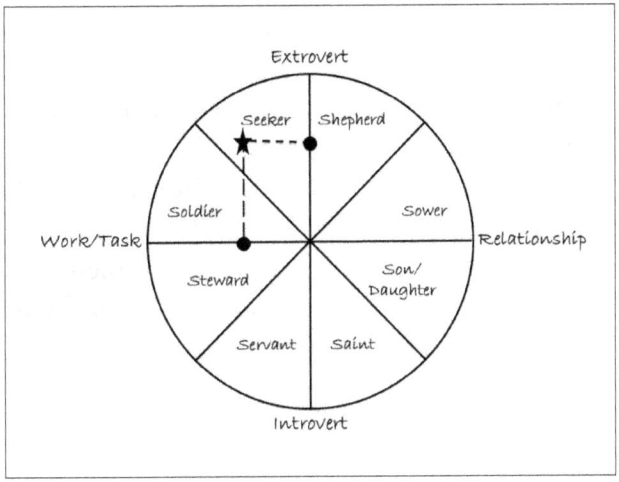

ASKAR

- Berorientasikan tugas yang tinggi, lebih bersifat luaran dari dalaman.
- Positif: Dapat melihat apa yang diperlukan untuk berjaya, Sees what is necessary for victory, cekal dan mulia, mempunyai sikap "apa sahaja yang perlu dilakukan"..
- Negatif: Mungkin suka menguasai dan tidak sensitif, mungkin memenangi satu-satu pertempuran tetapi kalah dalam peperangan keseluruhan.

PENCARI

- Berorientasikan luaran yang tinggi, lebih mementingkan tugas berbanding perhubungan.
- Positif: Dapat melihat peluang-peluang baru, mudah membuat rangkaian, merupakan seorang usahawan.
- Negatif: Mungkin mencari keseronokan, mungkin tidak dapat fokus pada satu-satu tugasan, mungkin berfikir bahawa sesuatu yang baru adalah sentiasa lebih baik.

GEMBALA

- Berorientasikan luaran yang tinggi, lebih mementingkan perhubungan berbanding tugas.
- Positif: Dapat melihat keperluan rohani seseorang, suka memimpin kumpulan dan cemerlang dalam menggalakkan orang untuk menangani masalah emosi mereka.
- Negatif: Mungkin suka mengarah, mungkin memulakan kumpulan kecil sendiri, mungkin bergelut untuk bekerjasama dengan pemimpin yang sedia ada.

PENYEMAI

- Berorientasikan perhubungan, lebih bersifat luaran berbanding dalaman.
- Positif: Dapat melihat potensi setiap orang, seorang jurulatih, sentiasa memperbaiki dirinya.
- Negatif: Mungkin menyemai atau memulakan perselisihan, bergelut dengan melemahkan semangat, suka bercakap mengenai subjek-subjek kegemarannya terlalu kerap.

ANAK LELAKI/PEREMPUAN

- Berorientasikan perhubungan, lebih bersifat dalaman berbanding luaran.
- Positif: Dapat melihat apa yang diperlukan agar yang lain dapat merasa seperti mereka adalah "sebahagian daripada keluarga," menjaga keamanan dan menitikberatkan kepentingan individu.
- Negatif: Mungkin berfikir bahawa keluarga adalah yang "terbaik", mungkin mudah cemburu dan berasa tidak yakin.

SANTO

- Bersifat dalaman, lebih mementingkan perhubungan berbanding tugas.
- Positif: Dapat melihat cara bagaimana orang ramai boleh berhubung dengan Tuhan, berpegang teguh kepada tradisi, merupakan suara moral bagi sesuatu komuniti.
- Negatif: Mungkin kelihatan "lebih suci daripada anda," bergelut untuk menerima orang lain, kadangkala bersifat keundangan.

HAMBA

- Bersifat dalaman, lebih mementingkan tugas berbanding perhubungan.
- Positif: Dapat melihat bagaimana untuk memenuhi keperluan fizikal seseorang, setia, bekerja sebaiknya di belakang tabir.
- Negatif: Melayan atau bekerja untuk orang lain tetapi mungkin tidak dapat menjaga keluarga sendiri, lambat untuk menerima perubahan, mempunyai masalah untuk melihat gambaran yang besar.

PELAYAN

- Berorientasikan tugas, lebih bersifat dalaman berbanding luaran.
- Positif: Dapat melihat cara yang terbaik untuk mengaturkan sumber, adalah waras dan praktikal.
- Negatif: Mungkin tidak dapat membuat kemajuan apabila berdepan dengan birokrasi, kekurang empati atau meletakkan keperluan organisasi mendahului keperluan seseorang yang sebenar.

"Tunjukkan kepada pasangan anda, jenis personaliti yang manakah menggambarkan diri anda dan berikan contoh-contoh."

Jenis Personaliti yang Manakah yang Paling Dikasihi oleh Tuhan?

- Benarkan para pemimpin untuk mendebatkan pandangan ini. Jawapan mereka akan memberikan gambaran yang jelas mengenari budaya mereka. Setiap budaya mempunyai kecenderungan terhadap satu atau dua nilai gambaran Kristusus berbanding dengan yang lain.

"Tuhan membuatkan setiap jenis personaliti dan selepas Dia telah siap, Dia berkata, 'Semuanya baik.' Kesemuanya adalah kegemaran-Nya."

Jenis Personaliti yang Manakah yang akan Membuat Pemimpin yang Terbaik?

- Minta para pemimpin untuk membincangkan soalan ini. Biasanya, dua atau tiga gambaran Kristus akan muncul sebagai yang paling digemari. Para pemimpin akan berhujah bahawa kedua-dua atau tiga jenis personaliti inilah merupakan yang terbaik untuk seorang pemimpin. Kami telah mendapati bahawa jawapan yang diberikan mempunyai perbezaan yang ketara di antara budaya Barat dan Timur. Selepas kumpulan itu telah menyuarakan pandangan mereka, kongsikan wawasan yang berikut dengan mereka.

"Ramai orang yang terkejut untuk mengetahui bahawa anda boleh menjadi seorang pemimpin yang luar biasa dengan mana-mana lapan jenis personaliti tersebut. Kepimpinan tidak

bergantung kepada personaliti. Saya boleh membawa anda ke lapan gereja mega di Amerika Syarikat yang mempunyai kehadiran lebih 5,000 orang setiap minggu. Kebanyakan orang akan mengatakan bahawa gereja-gereja ini dipimpin oleh pemimpin yang hebat. Jika anda berbincang dengan pastor-pastor yang berbeza itu, anda akan mendapati bahawa setiap seorang mempunyai personaliti yang berbeza. Setiap satunya memimpin mengikut gambar Kristus yang berbeza. Personaliti bukanlah apa yang membuatkan seseorang pemimpin yang baik. Seorang pemimpin yang baik adalah seseorang yang boleh memimpin keseluruhan pasukannya untuk bekerjasama dan berjaya. Yesus merupakan pemimpin yang terhebat di sepanjang zaman. Ikuti-Nya dan anda juga akan menjadi seorang pemimpin yang hebat"

Ayat-ayat Memori

–ROMA 12:4-5–
KERANA SAMA SEPERTI KITA MENARUH DI DALAM SATU TUBUH BANYAK ANGGOTA, TETAPI SEMUA ANGGOTA ITU BUKANNYA MEMEGANG SERUPA PEKERJAAN, DEMIKIANLAH JUGA KITA YANG BANYAK INI MENJADI SATU TUBUH DI DALAM KRISTUSUS, TETAPI MASING-MASING ANGGOTA BERANGGOTAKAN YANG LAIN.

- Semua orang berdiri dan melafazkan Ayat-ayat Memori sepuluh kali bersama-sama. Untuk enam kali pertama, mereka boleh menggunakan Alkitab atau nota pelajar mereka. Untuk empat kali terakhir, mereka perlu melafazkannya dari ingatan. Nyatakan rujukan ayat tersebut setiap kali sebelum memetik ayatnya dan duduk apabila telah selesai.
- Mengikuti rutin ini akan membantu jurulatih untuk mengetahui pasukan manakah yang telah menyiapkan pelajaran seksyen "Amalan".

Latihan

- Bahagikan para pemimpin ke dalam kumpulan empat orang. Minta mereka untuk menggunakan proses latihan dengan pelajaran kepimpinan yang dipelajari.
- Bantu para pemimpin untuk melalui proses latihan langkah demi langkah, dengan memberikan mereka 7-8 minit untuk membincangkan setiap seksyen berikut.

KEMAJUAN

"Kongsikan yang mana dari lapan jenis personaliti tersebut menggambarkan diri anda dan berikan contoh-contoh."

MASALAH

"Kongsikan yang mana dari lapan jenis personaliti tersebut paling kurang menggambarkan diri anda dan berikan contoh-contoh."

PELAN

"Kongsikan pelan ringkas untuk mengenalpasti jenis-jenis personaliti yang berbeza di dalam kumpulan anda dalam bulan yang akan datang."

- Setiap orang harus merekodkan pelan pasangan masing-masing agar mereka boleh berdoa untuk mereka kemudian.

AMALAN

"Kongsikan satu tugasan yang anda akan lakukan dalam 30 hari yang akan datang untuk membantu memperbaiki diri anda sebagai pemimpin di dalam bahagian ini."

- Setiap orang harus merekodkan amalan yang akan dilakukan oleh pasangan masing-masing agar mereka boleh berdoa untuk mereka kemudian.
- Para pemimin berdiri dan melafazkan Ayat-ayat Memori sebanyak sepuluh kali bersama-sama selepas setiap orang telah mengongsikan kemahiran yang mereka mahu amalkan.

DOA

"Luangkan sedikit masa untuk berdoa bagi pelan dan kemahiran yang masing-masing ingin amalkan dalam 30 hari yang akan datang untuk memperbaiki diri sebagai seorang pemimpin."

PENUTUP

Burger Keju Amerika ✥

"Minta para pemimpin untuk berlagak seolah-olah mereka berada di sebuah restoran. Minta para pemimpin untuk bergerak ke dalam kumpulan tiga atau empat orang dan terangkan bahawa kumpulan mereka adalah "meja" di mana mereka akan makan. Beritahu mereka bahawa anda adalah pelayan dan akan mengambil pesanan makanan mereka."

- Gantungkan tuala di atas lengan anda, pergi ke meja yang pertama dan tanyakan kepada mereka apa yang mereka ingin makan. Tidak kira apa pun yang mereka pesan, katakan "Maaf, kami tidak mempunyai makanan itu sekarang, sebaliknya saya akan berikan anda burger keju Amerika."
- Selepas beberapa meja, kebanyakan orang akan memesan burger keju Amerika kerana mereka sedar yang ini sahaja yang boleh didapati.

"Lakonan ini menggambarkan satu kesilapan kepimpinan yang biasa. Pemimpin biasanya menjangka semua orang untuk bertindak secara sama, tetapi Tuhan telah membuat setiap orang itu berbeza. Pemimpin yang baik mempelajari bagaimana untuk bekerja dengan orang yang mempunyai personaliti yang berbeza-beza. Mereka mengajar orang bagaimana untuk bekerjasama dan menghormati perbezaan tersebut."

- Minta salah seorang pemimpin untuk berdoa doa kesyukuran bagi cara-cara orang yang berbeza sebagaimana yang telah dibuatkan oleh Tuhan.

5

Teguh Bersama

Para pemimpin telah mengenalpasti jenis personaliti mereka dalam pelajaran yang lepas. "Teguh Bersama" menunjukkan kepada para pemimpin bagaimana jenis personaliti mereka berinteraksi dengan orang lain. Mengapakah terdapat lapan jenis personaliti orang di dunia ini? Ada yang mengatakan bahawa bahtera Nuh membawa lapan orang manakala yang lain mengatakan bahawa Tuhan menjadikan satu jenis personaliti bagi setiap titik pada kompas - utara, timur laut, timur, dan sebagainya. Kami boleh menjelaskan sebabnya dengan mudah. Dunia mempunyai lapan jenis personaliti yang berbeza kerana Tuhan telah mencipta manusia dalam imej-Nya. Jika anda ingin melihat bagaimana rupa Tuhan, Alkitab mengatakan untuk melihat kepada Yesus. Lapan jenis personaliti asas di dunia ini mencerminkan lapan gambar Yesus.

    Yesus adalah seperti seorang askar – ketua komander tentera Tuhan. Dia adalah seorang pencari - mencari dan menyelamatkan yang hilang. Dia adalah seorang gembala - memberi makanan, air, dan rehat kepada pengikut-pengikutnya. Yesus adalah seorang penyemai - menyemai Firman Tuhan ke dalam kehidupan kita. Dia adalah seorang anak - Tuhan memanggilnya sebagai dikasihi dan mengarahkan kita untuk mendengarnya. Yesus adalah penyelamat dan meminta kita untuk mewakili-Nya di dunia sebagai santo. Beliau adalah hamba – yang taat kepada Bapa-Nya, walaupun dalam titik kematian. Akhirnya, Yesus adalah seorang pelayan – ceritanya ibarat perumpamaan mengenai pengurusan masa, wang atau orang.

Setiap pemimpin memikul tanggungjawab untuk membantu pengikutnya agar bekerjasama. Konflik yang tidak dapat dielakkan berlaku di antara personaliti yang berbeza kerana mereka melihat dunia secara berbeza. Dua cara yang paling biasa digunakan untuk menguruskan konflik adalah dengan mengelakkannya atau berlawan antara satu sama lain. Cara yang ketiga untuk menangani konflik, yang dipimpin oleh Semangat Tuhan, adalah untuk mencari penyelesaian yang menghormati dan mengesahkan setiap jenis personaliti tersebut. Sesi ini berakhir dengan satu peraduan drama yang menunjukkan kebenaran ini dengan cara yang lucu. Gambarajah "lapan gambar Kristus" akan membantu kita untuk memahami bagaimana untuk mengasihi orang lain dengan lebih baik. Ini adalah tugas bagi semua pengikut Yesus.

Puji-Pujian

- Nyanyikan dua lagu sembahan bersama-sama. Mohon seorang pemimpin untuk berdoa bagi sesi ini.

Kemajuan

- Minta seorang pemimpin yang lain untuk berkongsi testimoni ringkas (tiga minit) bagaimana Tuhan sedang memberkati kumpulannya. Selepas pemimpin tersebut mengongsikan testimoninya, mohon kumpulan tersebut berdoa untuknya.

- Sebagai alternatif, modelkan satu contoh latihan bersama seorang pemimpin menggunakan model latihan kepimpinan "Kemajuan, Masalah, Pelan, Amalan, Doa".

MASALAH

"Kita telah mempelajari tentang lapan jenis personaliti yang berbeza dalam pelajaran yang lepas. Pengetahuan ini dapat membantu kita untuk memahami bagaimana konflik berlaku dalam sesuatu kumpulan. Tiada apa yang dapat menghentikan sesuatu misi atau gereja dengan lebih cepat daripada konflik. Orang akan mula berbalah dan menyakiti perasaan masing-masing. Selepas itu, misi atau gereja tersebut akan hanya berkembang dalam gerak perlahan."

PELAN

"Yesus adalah Penyelamat dan menyeru pengikut-Nya menjadi Santo dan mewakili-Nya di dunia. Dunia mengetahui bahawa kita adalah Kristusian melalui cara bagaimana kita menangani konflik bersama. Pelan untuk pelajaran ini adalah untuk menunjukkan kepada anda mengapa konflik berlaku dan bagaimana untuk menangani perselisihan pendapat apabila ia berlaku."

Ulasan

Selamat Datang
Siapa yang Membina Gereja?
Mengapakah Ia Penting?
Bagaimanakah Yesus Membina Gereja-Nya?

Teguh Bersama Tuhan
Berkongsi Gospel
Membuat Pengikut
Memulakan Kumpulan dan Gereja
Membangunkan Pemimpin

> *–1 Korintus 11:1–Hendaklah kamu menurut teladanku, seperti aku pun menurut teladan Kristusus.(NAS)*

Berlatih Seperti Yesus
Bagaimanakah Yesus Melatih Pemimpin?
Kemajuan
Masalah
Pelan
Amalan
Berdoa

> *–Lukas 6:40–Seorang murid tiada lebih daripada gurunya; tetapi tiap-tiap murid yang sudah cukup pelajaran itu akan menjadi sama seperti gurunya. (HCSB)*

Memimpin Seperti Yesus
Siapakah Yang Yesus Katakan Sebagai Pemimpin yang Terhebat?
Apakah Tujuh Kualiti Seorang Pemimpin yang Hebat?
1. Pemimpin yang Hebat Menyukai Orang Ramai
2. Pemimpin yang Hebat Mengetahui Misi Mereka
3. Pemimpin yang Hebat Berkhidmat untuk Pengikut Mereka
4. Pemimpin yang Hebat Memperbetulkan Kesilapan Dengan Kebaikan Hati
5. Pemimpin yang Hebat Mengetahui Masalah-masalah Semasa di dalam Kumpulan Mereka

6. Pemimpin yang Hebat Memberikan Contoh yang Baik untuk Diikuti
7. Pemimpin yang Hebat Mengetahui Bahawa Mereka Diberkati

-Yohanes 13:14-15-Jikalau Aku, Tuhan dan Guru, sudah membasuh kakimu, patutlah kamu juga membasuh kaki sama sendiri. Kerana Aku sudah memberi teladan kepada kamu, supaya kamu juga berbuat sama seperti Aku perbuat kepadamu.

Berkembang Kukuh

Personaliti yang Manakah yang Tuhan telah Berikan Kepada Anda?

Askar
Pencari
Gembala
Penyemai
Anak Lelaki/Perempuan
Santo
Hamba
Pelayan

Jenis Personaliti yang Manakah yang Paling Dikasihi oleh Tuhan?

Jenis Personaliti yang Manakah yang akan Membuat Pemimpin yang Terbaik?

-Roma 12:4-5-Kerana sama seperti kita menaruh di dalam satu tubuh banyak anggota, tetapi semua anggota itu bukannya memegang serupa pekerjaan, demikianlah juga kita yang banyak ini menjadi satu tubuh di dalam Kristusus, tetapi masing-masing anggota beranggotakan yang lain.

Mengapakah Terdapat Lapan Jenis Orang Di Dunia Ini?

–KEJADIAN 1:26–
MAKA FIRMAN TUHAN: BAIKLAH KITA MENJADIKAN MANUSIA ATAS PETA DAN ATAS TELADAN KITA...

–COLOSSIANS 1:15–
DIALAH YANG MENJADI BAYANG TUHAN YANG TIADA KELIHATAN ITU, YAITU ANAK SULUNG YANG TERLEBIH DAHULU DARIPADA SEGALA MAKHLUK

"Manusia diciptakan dalam imej Tuhan. Jika anda ingin melihat imej Tuhan yang tidak dapat dilihat, lihatlah kepada Yesus. Walaupun dalam keadaan rendah, kita mencerminkan siapakah Yesus. Terdapat lapan gambar Yesus di dalam Alkitab yang membantu kita untuk mengetahui macam manakah Yesus."

Macam manakah Perwatakan Yesus?

ASKAR

–MATIUS 26:53–
PADA SANGKAMU, TIADAKAH BOLEH AKU MEMOHONKAN KEPADA BAPA-KU, SEHINGGA IA MENGARUNIAKAN KEPADA-KU LEBIH DARIPADA DUA BELAS LEGIUN MALAIKAT WALAUPUN SEKARANG INI JUGA? (HCSB)

✋ Askar
  Angkatkan pedang.

PENCARI

–LUKAS 19:10–
KERANA ANAK MANUSIA DATANG HENDAK MENCARI DAN MENYELAMATKAN YANG SESAT." (NAS)

✋ Pencari
Cari di depan dan belakang dengan tangan di atas mata.

GEMBALA

–YOHANES 10:11–
AKULAH GEMBALA YANG BAIK; MAKA GEMBALA YANG BAIK ITU MENYERAHKAN NYAWA-NYA GANTI SEGALA DOMBA ITU.

✋ Gembala
Gerakkan tangan ke arah tubuh anda seolah-olah anda sedang mengumpulkan orang ramai.

PENYEMAI

–MATIUS 13:37–
MAKA JAWAB-NYA KEPADA MEREKA ITU, "ADAPUN ORANG YANG MENABUR BENIH YANG BAIK ITU, IALAH ANAK MANUSIA (NAS)

✋ Penyemai
Taburkan benih dengan tangan.

ANAK LELAKI/PEREMPUAN

–Lukas 9:35–
Lalu kedengaranlah suatu suara dari dalam awan itu mengatakan, "Inilah Anak-Ku yang terpilih. Dengarlah olehmu akan Dia."

✋ **Anak**
Gerakkan tangan ke arah mulut seolah-olah anda sedang makan.

PENYELAMAT/SANTO

–Markus 8:31–
Maka mulailah Yesus mengajar pengikut-Nya, bahwa wajib Anak manusia itu akan merasai banyak sengsara, dan ditolak oleh segala orang tua-tua dan kepala-kepala imam dan ahli Taurat sehingga dibunuh oleh mereka itu, lalu Ia akan bangkit pula kemudian selepas tiga hari lamanya.

"Kita dipanggil untuk menjadi santo yang mewakili kerja menyelamatnya untuk dunia"

✋ **Penyelamat/Santo**
Letakkan tangan dalam posisi klasik "tangan yang berdoa".

HAMBA

–Yohanes 13:14-15–
Jikalau Aku, Tuhan dan Guru, sudah membasuh kakimu, patutlah kamu juga membasuh kaki sama

SENDIRI. KERANA AKU SUDAH MEMBERI TELADAN KEPADA KAMU, SUPAYA KAMU JUGA BERBUAT SAMA SEPERTI AKU PERBUAT KEPADAMU.

✋ **Hamba**
Gunakan pemukul.

PELAYAN

–LUKAS 6:38–
BERILAH, NISCAYA KEPADA KAMU PUN AKAN DIBERI: SUATU SUKATAN YANG BETUL, DITEKAN-TEKAN, DAN DIGONCANG-GONCANG SEHINGGA MELEMBAK, AKAN DIBERI ORANG KEPADA RIBAANMU, KERANA DENGAN SUKATAN YANG KAMU SUKAT, AKAN DISUKATKAN PULA KEPADA KAMU."

✋ **Pelayan**
Ambil duit dari poket baju ataupun beg duit.

Apakah Tiga Pilihan Kita Apabila Konflik Berlaku?

MELARIKAN DIRI (RESPON TUBUH)

"Personaliti yang berlainan mempunyai idea dan cara-cara yang berbeza untuk menjalankan tugas. Mereka yang bertentangan antara satu sama lain pada gambarajah bulatan kita biasanya bermasalah untuk bekerja bersama-sama. Mereka biasanya terpaksa bekerja keras untuk memahami antara satu sama lain.

Sebagai contoh, seorang penyemai akan mahu melaburkan wang dan masa untuk melihat pengikutnya berkembang, tetapi seorang pelayan pula mahu menjimatkan wang dan masa agar misinya boleh diteruskan. Keputusan yang baik memerlukan kedua-dua sudut pandangan. Mementingkan satu berbanding yang lain akan mewujudkan persaingan dan pertimbangan yang tidak tepat.

Bagi kebanyakan orang, menangani konflik adalah sukar dan kedua-dua pihak akhirnya tidak berkomunikasi. Disebabkan takut akan konflik dan sakit hati, kita menjauhkan diri daripada orang lain tersebut. Motto kita menjadi 'Lebih baik selamat daripada menyesal.'

Dalam situasi ini, orang bertengkar, melarikan diri dan bersembunyi daripada satu sama lain."

🖐 **Pegang kedua-dua buku lima bersama. Gerakkannya jauh dari satu sama lain dan ke belakang anda.**

BERGADUH DI ANTARA SATU SAMA LAIN (RESPON TUBUH)

"Kadangkala terdapat pula orang yang tidak mengelakkan konflik, tetapi secara terbuka bermusuhan dengan orang yang lain. Kita merasa terluka atau disalahtafsir dan mahu orang lain untuk 'membayar' untuk apa yang mereka telah lakukan. Kita berlawan menggunakan kata-kata, sikap, ataupun penumbuk. Pembentukan konflik sentiasa bertambah.

Sebagai contoh, seorang pencari inginkan pengalaman dan peluang baru, manakala seorang santo pula mahukan kumpulannya ditetapkan dengan asas yang kukuh. Kita memerlukan kedua-duanya di dalam badan Kristus. Dua kumpulan yang mencuba kedua-dua gaya yang 'baru' dan 'lama' bersama-sama boleh jadi mencabar.

Gaya ibadat terutamanya cenderung terhadap masalah ini. Kumpulan-kumpulan biasa dengan gaya mereka tersendiri dan memperkecilkan kumpulan lain yang mempunyai gaya yang berbeza. Kata-kata, sikap dan tindakan yang menyusul terhadap satu sama lain memecahkan perpaduan.

Dalam situasi sebegini, kita mula bergaduh dan berlawan di antara satu sama lain."

🖐 Pegang buku lima bersama dan pukulkannya bersama.

CARI SUATU CARA MENGGUNAKAN SEMANGAT KETUHANAN UNTUK BEKERJA BERSAMA (RESPON SEMANGAT)

"Roh Kudus membimbing respon ketiga ini. Jika kita menyedari bahawa di dalam tubuh kita, kita cenderung untuk lari atau melawan apabila didatangi konflik, kita boleh bertanya dan bergantung kepada Roh ini untuk membantu mencari jalan untuk bekerjasama. Kami percaya bahawa penyelesaian kepada masalah yang datang dari seluruh badan Kristus adalah lebih baik. Respon ketiga ini memerlukan komunikasi, kepercayaan, terpenting sekali – kasih sayang."

"Sebagai contoh, seorang askar mahukan gerejanya menjadi teratur dan dalam misi dengan Tuhan. Seorang anak lelaki atau anak perempuan pula, mahukan gerejanya untuk menjadi tempat penyembuhan untuk keluarga-keluarga. Si askar memberikan tumpuan kepada tugas; manakala anak lelaki atau anak perempuan pula mementingkan perhubungan. Apabila mereka bersatu dalam Semangat yang sama, mereka boleh mencari jalan untuk melaksanakan misi dan membantu semua orang untuk merasa bahawa mereka adalah 'sebahagian daripada pasukan' tersebut. Kita bekerja, bekerja, dan bekerja - Tetapi pada masa yang sama, kita juga bermain, bermain, dan bermain.

Dalam situasi ini, kita mencari jalan untuk bersatu dalam Kristus dan bekerja ke arah kerajaan-Nya."

🖐 **Letakkan kedua buku lima bersama, lepaskan genggaman buku lima dan jalinkan jari-jari bersama, goyangkan tangan ke atas dan bawah, seolah-olah kedua-duanya bekerja bersama.**

Ayat-ayat Memori

–GALATIA 2:20–
AKU TELAH DISALIBKAN DENGAN KRISTUS. ADAPUN HIDUPKU INI BUKANNYA AKU LAGI, MELAINKAN KRISTUS YANG HIDUP DI DALAM AKU. (NAS)

- Semua orang berdiri dan melafazkan Ayat-ayat Memori sepuluh kali bersama-sama. Untuk enam kali pertama, mereka boleh menggunakan Alkitab atau nota pelajar mereka. Untuk empat kali terakhir, mereka perlu melafazkannya dari ingatan. Nyatakan rujukan ayat tersebut setiap kali sebelum memetik ayatnya dan duduk apabila telah selesai.
- Mengikuti rutin ini akan membantu jurulatih untuk mengetahui pasukan manakah yang telah menyiapkan pelajaran seksyen "Amalan".

AMALAN

Peraduan Drama ⚜

- Bahagikan para pemimpin kepada kumpulan dengan sekurang-kurangnya lapan orang setiap satu. Beritahu para pemimpin bahawa anda akan mengadakan satu

pertandingan drama dengan hadiah-hadiah untuk pemenang. Anda akan memberikan hadiah pertama kepada kumpulan yang mempersembahkan lakonan yang paling lucu dan berdasarkan kehidupan sebenar.
- Setiap ahli kumpulan memilih satu gambar Kristus untuk ditiru. Setiap pemimpin perlu memilih gambar yang berbeza dari personaliti mereka sendiri. Sebagai contoh, sekiranya jenis personaliti seseorang adalah "askar", mereka harus memilih gambar Kristus yang lain dan bukannya "askar" untuk dilakonkan di dalam drama mereka.
- Lakonan senda-gurau yang mereka akan lakukan adalah mengenai "mesyuarat kumpulan untuk memulakan gereja baru di wilayah jiran." Ahli-ahli drama perlu melakonkan peranan mereka dalam konflik dengan satu sama lain (tubuh) sahaja. Tiada siapa yang berada di dalam Roh.
- Mereka akan diberikan 5 minit untuk membentangkan lakonan mereka kepada kumpulan. Gesa mereka untuk berlakon secara "melebih-lebih" agar penonton akan mengetahui apakah peranan mereka di dalam drama itu.
- Berikan para pemimpin masa yang cukup untuk berlatih bagi drama mereka (sekurang-kurangnya 20 minit).
- Mulakan peraduan ini. Pada penghujung persembahan setiap kumpulan, pergi ke bulatan pelakon dan lihat lihat sama ada para pemimpin boleh meneka apakah peranan yang dibawakan oleh setiap ahli kumpulan tersebut. Berikan "tempat pertama" kepada kumpulan yang paling lucu dan berlakon berdasarkan kehidupan sebenar. Idea untuk hadiah: risalah-risalah gospel, CD ibadat, gula-gula, dll.
- Selepas semua kumpulan telah membuat persembahan mereka, minta setiap kumpulan untuk memilih beberapa "bintang" dari kumpulan mereka. Minta "bintang-bintang" dari setiap kumpulan ini untuk membentuk satu kumpulan yang baru dan suruh mereka melakukan lakonan sekali lagi sebagai pasukan drama "bintang-bintang" yang baru.

Soalan Yang Sering Ditanya

Apakah perbezaan di antara lapan gambar Kristus dan anugerah rohaniah?

Tuhan menciptakan manusia dalam imej-Nya, dan sekiranya kamu mahu melihat imej Tuhan yang tidak kelihatan, Alkitab mengatakan untuk melihat kepada Yesus. Lapan gambar tersebut menunjukkan bagaimana setiap orang telah "diwayarkan" dan ia adalah benar untuk para penganut dan bukan penganut. Menggunakan lapan gambar tersebut sebagai rangka kerja untuk pertumbuhan rohani menangani masalah dalam inventori anugerah rohani. Bagaimanakah seseorang yang bukan penganut boleh mengambil inventori anugerah rohani dan mendapati bahawa mereka mempunyai anugerah rohani, sedangkan mereka langsung tidak percaya kepada Tuhan?

Lapan gambar Kristus tersebut adalah seperti "baldi" di mana anugerah rohani dituangkan ke dalam dan dilepaskan. Seorang gembala mungkin mempunyai anugerah rohani rahmat, atau desakan, atau memberi, sebagai yang ditentukan oleh Semangat. Kami telah memerhatikan bahawa beberapa anugerah rohani berkelompok di sekitar gambar-gambar Kristus yang tertentu dengan lebih kerap. Sebagai contoh, anugerah melayan dan gambar seorang hamba sering didapati bersama-sama.

6

Kongsikan Gospel

Bagaimanakah seseorang boleh percaya sekiranya mereka tidak pernah mendengar gospel? Malangnya, pengikut-pengikut Yesus tidak selalu mengongsikan gospel agar orang lain juga boleh percaya. Salah satu sebabnya adalah mereka tidak pernah belajar bagaimana untuk mengongsikan gospel. Satu lagi sebab adalah mereka sibuk dengan rutin harian mereka dan lupa untuk mengongsikannya. Dalam pelajaran "Kongsikan Gospel" ini, para pemimpin mempelajari bagaimana untuk membuat "gelang gospel" untuk dikongsikan dengan rakan-rakan dan keluarga. Gelang ini menjadi peringatan kepada kita untuk berkongsi dengan orang lain dan juga menjadi topik permulaan perbualan yang baik. Warna-warna gelang ini mengingatkan kita bagaimana untuk mengongsikan gospel dengan mereka yang sedang mencari Tuhan.

Gelang gospel ini menunjukkan bagaimana kita telah meninggalkan keluarga Tuhan. Pada mulanya terdapat Tuhan - manik emas. Roh Kudus telah mewujudkan sebuah dunia yang sempurna dengan langit dan laut - manik biru. Dia menciptakan manusia dan meletakkannya di sebuah taman yang indah - manik hijau. Manusia pertama, lelaki dan wanita, telah menderhaka kepada Tuhan dan membawa dosa dan penderitaan ke dunia - manik hitam. Tuhan menghantar Anak-Nya yang tunggal ke dunia dan Dia hidup dalam kehidupan yang sempurna - manik putih. Yesus membayar untuk dosa-dosa kita dengan mengakhiri nyawa-Nya di atas salib - manik merah.

Gelang gospel ini juga menunjukkan kepada kita bagaimana kita boleh kembali kepada keluarga Tuhan dengan menterbalikkan susunan manik tersebut. Tuhan telah berfirman bahawa barangsiapa yang percaya bahawa Yesus mati di atas salib untuk mereka - manik merah - dan bahawa Yesus adalah Anak Tuhan - bead putih - dosa-dosa mereka akan diampunkan - manik hitam. Tuhan mengambil kita kembali ke dalam keluarga-Nya dan kita menjadi lebih seperti Yesus - manik hijau. Tuhan memberikan kita Roh Kudus - manik biru dan menjanjikan yang kita akan bersama-Nya di syurga di mana terdapat jalan-jalan yang diperbuat dari emas, apabila kita mati kelak - manik emas.

Pelajaran ini ditutup dengan menunjukkan bahawa Yesus adalah satu-satunya jalan ke arah Tuhan. Tiada siapa yang sebegitu bijak, cukup baik, cukup kuat, atau cukup mengasihi untuk sampai kepada Tuhan dengan sendirinya. Yesus adalah satu-satunya jalan yang pasti bagi mereka yang ingin berjalan untuk kembali kepada Tuhan. Mengikuti Yesus adalah satu-satunya kebenaran yang akan membebaskan mereka daripada dosa-dosa mereka. Hanya Yesus yang boleh memberikan kehidupan selama-lamanya disebabkan kematian-Nya di atas salib.

Puji-Pujian

- Nyanyikan dua lagu sembahan bersama-sama. Mohon seorang pemimpin untuk berdoa bagi sesi ini.

Kemajuan

- Minta seorang pemimpin yang lain untuk berkongsi testimoni ringkas (tiga minit) bagaimana Tuhan sedang memberkati kumpulannya. Selepas pemimpin tersebut mengongsikan testimoninya, mohon kumpulan tersebut berdoa untuknya.

Masalah

"Ramai penganut yang menghadapi masalah untuk berkongsi gospel. Mereka bertanya,' Siapakah yang perlu saya mengongsikan gospel dengan?' Dan 'Apakah yang perlu saya katakan?' Kebanyakan penganut sering mengalami kesibukan dan tidak dapat mengenalpasti bila Tuhan bekerja di dalam kehidupan orang lain untuk membawa mereka kepada iman."

Pelan

"Dalam pelajaran ini, kita akan mengkaji semula cara yang mudah untuk mengongsikan gospel, melatih membuat amalan tersebut dan membuat 'gelang gospel' yang akan membantu kita untuk mengingati untuk selalu mengongsikan gospel dengan orang lain."

Ulasan

Selamat Datang
Siapa yang Membina Gereja?
Mengapakah Ia Penting?
Bagaimanakah Yesus Membina Gereja-Nya?

Teguh Bersama Tuhan ✋
Berkongsi Gospel ✋
Membuat Pengikut ✋
Memulakan Kumpulan dan Gereja ✋
Membangunkan Pemimpin ✋

–1 Korintus 11:1–Hendaklah kamu menurut teladanku, seperti aku pun menurut teladan Kristusus.(NAS)

Berlatih Seperti Yesus

Bagaimanakah Yesus Melatih Pemimpin?
Kemajuan ✋
Masalah ✋
Pelan ✋
Amalan ✋
Berdoa ✋

–Lukas 6:40–Seorang murid tiada lebih daripada gurunya; tetapi tiap-tiap murid yang sudah cukup pelajaran itu akan menjadi sama seperti gurunya. (HCSB)

Memimpin Seperti Yesus

Siapakah Yang Yesus Katakan Sebagai Pemimpin yang Terhebat? ✋
Apakah Tujuh Kualiti Seorang Pemimpin yang Hebat?
1. Pemimpin yang Hebat Menyukai Orang Ramai ✋
2. Pemimpin yang Hebat Mengetahui Misi Mereka ✋
3. Pemimpin yang Hebat Berkhidmat untuk Pengikut Mereka ✋
4. Pemimpin yang Hebat Memperbetulkan Kesilapan Dengan Kebaikan Hati ✋
5. Pemimpin yang Hebat Mengetahui Masalah-masalah Semasa di dalam Kumpulan Mereka ✋

6. Pemimpin yang Hebat Memberikan Contoh yang Baik untuk Diikuti
7. Pemimpin yang Hebat Mengetahui Bahawa Mereka Diberkati

> *-Yohanes 13:14-15- Jikalau Aku, Tuhan dan Guru, sudah membasuh kakimu, patutlah kamu juga membasuh kaki sama sendiri. Kerana Aku sudah memberi teladan kepada kamu, supaya kamu juga berbuat sama seperti Aku perbuat kepadamu.*

Berkembang Kukuh
Personaliti yang Manakah yang Tuhan telah Berikan Kepada Anda?
  Askar
  Pencari
  Gembala
  Penyemai
  Anak Lelaki/Perempuan
  Santo
  Hamba
  Pelayan
Jenis Personaliti yang Manakah yang Paling Dikasihi oleh Tuhan?
Jenis Personaliti yang Manakah yang akan Membuat Pemimpin yang Terbaik?

> *-Roma 12:4-5-Kerana sama seperti kita menaruh di dalam satu tubuh banyak anggota, tetapi semua anggota itu bukannya memegang serupa pekerjaan, demikianlah juga kita yang banyak ini menjadi satu tubuh di dalam Kristusus, tetapi masing-masing anggota beranggotakan yang lain.*

Teguh Bersama
Mengapakah Terdapat Lapan Jenis Orang Di Dunia Ini?
Macam manakah perwatakan Yesus?
- Askar ✋
- Pencari ✋
- Gembala ✋
- Penyemai ✋
- Anak Lelaki/Perempuan ✋
- Penyelamat/Santo ✋
- Hamba ✋
- Pelayan ✋

Apakah Tiga Pilihan Kita Apabila Konflik Berlaku?
- Melarikan Diri ✋
- Berlawan Di Antara Satu Sama Lain ✋
- Cari Satu Cara Menggunakan Semangat Ketuhanan Untuk Bekerja Bersama ✋

–Galatia 2:20–Aku telah disalibkan dengan Kristus. Adapun hidupku ini bukannya aku lagi, melainkan Kristus yang hidup di dalam aku. (NAS)

Bagaimanakah Saya Boleh Mengongsikan Gospel dengan Mudah?

–LUKAS 24:1-7–

"TETAPI PAGI-PAGI BENAR PADA HARI PERTAMA MINGGU ITU MEREKA PERGI KE KUBUR MEMBAWA REMPAH-REMPAH YANG TELAH DISEDIAKAN MEREKA. MEREKA MENDAPATI BATU SUDAH TERGULING DARI KUBUR ITU, DAN SETELAH MASUK MEREKA TIDAK MENEMUKAN MAYAT TUHAN YESUS. SEMENTARA MEREKA BERDIRI TERMANGU-MANGU KARENA HAL ITU, TIBA-TIBA ADA DUA ORANG BERDIRI DEKAT MEREKA MEMAKAI PAKAIAN YANG BERKILAU-KILAUAN. MEREKA SANGAT KETAKUTAN

DAN MENUNDUKKAN KEPALA, TETAPI KEDUA ORANG ITU BERKATA KEPADA MEREKA: "MENGAPA KAMU MENCARI DIA YANG HIDUP, DI ANTARA ORANG MATI? IA TIDAK ADA DI SINI, IA TELAH BANGKIT. INGATLAH APA YANG DIKATAKAN-NYA KEPADA KAMU, KETIKA IA MASIH DI GALILEA, 'YAITU BAHWA ANAK MANUSIA HARUS DISERAHKAN KE TANGAN ORANG-ORANG BERDOSA DAN DISALIBKAN, DAN AKAN BANGKIT PADA HARI YANG KETIGA'"

- Setelah para pemimpin membaca petikan ini dengan kuat, agihkan bekalan-bekalan berikut kepada setiap peserta:

    1. Sebutir manik emas, biru, hijau, hitam, putih dan merah
    2. Sekeping kulit atau tali pintal yang berukuran dua belas inci panjang

- Terangkan bagaimana untuk membuat "gelang gospel." Mulakan dengan mengikat simpulan di tengah-tengah tali pintal untuk memegang manik di tempatnya. Masukkan setiap manik ke gelang anda sambil menjelaskan maksudnya.

MANIK EMAS

"Pada permulaannya, hanya terdapat Tuhan."

MANIK BIRU

"Kemudian, Roh Tuhan menciptakan segala-galanya di dunia ini, termasuklah lautan dan langit."

MANIK HIJAU

"Tuhan membuatkan satu taman yang indah, menciptakan manusia dan meletakkannya di dalam keluarga Tuhan."

MANIK HITAM

"Malangnya, manusia itu tidak mematuhi Tuhan dan membawa dosa dan kesengsaraan ke dalam dunia. Disebabkan oleh pemberontakannya ini, manusia terpaksa meninggalkan taman tersebut dan juga keluarga Tuhan."

MANIK PUTIH

"Walau bagaimanapun, Tuhan masih mengasihi manusia maka dia menghantarkan Yesus, anak-Nya, ke dunia. Yesus mempunyai kehidupan yang sempurna dan mematuhi Tuhan dalam segala-galanya."

MANIK MERAH

"Yesus mati di atas salib atas dosa-dosa kita dan telah disemadikan di sebuah kuburan.."

- Pada titik ini, pemimpin-pemimpin tidak menambahkan lagi manik pada gelang gospel tersebut, tetapi mengikatkan simpul untuk memastikan manik-manik tersebut kekal di tempatnya. Mulakan bahagian seterusnya dengan menunjuk pada manik merah dan bekerja dalam urutan yang bertentangan sehinggalah berakhir dengan manik emas.

MANIK MERAH

"Tuhan melihat pengorbanan Yesus untuk dosa-dosa kita dan menerimanya. Beliau membangkitkan Yesus dari kubur-Nya tiga hari selepas itu untuk menunjukkan kepada dunia bahawa Yesus adalah satu-satunya cara untuk kembali kepada Tuhan."

MANIK PUTIH

"Mereka percaya bahawa Yesus adalah Anak Tuhan dan Dia telah membayar harganya untuk dosa-dosa mereka ..."

MANIK HITAM

"Dan orang-orang yang bertaubat daripada dosa-dosa mereka dan meminta Yesus untuk membantu mereka ..."

MANIK HIJAU

"...Tuhan mengampunkan mereka dan mengalu-alukan mereka untuk kembali ke dalam keluarga-Nya, sama seperti mereka berada di taman yang pertama."

MANIK BIRU

"Tuhan meletakkan semangat-Nya ke dalam mereka dan menciptakan seorang yang baru, sama seperti Dia menciptakan kesemua dunia pada permulaannya."

MANIK EMAS

"Akhir sekali, semua orang yang percayakan Yesus akan suatu hari menghabiskan masanya selama-lamanya dengan Tuhan. Mereka akan tinggal bersama penganut-penganut yang lain di bandar yang diperbuat daripada emas tulen.

Saya menyukai gelang ini kerana ia mengingatkan saya di mana saya telah berada dan ke mana saya akan pergi. Gelang gospel ini juga mengingatkan saya tentang bagaimana Tuhan telah mengampunkan dosa-dosa saya dan mengubah hidup saya.

Adakah anda telah bersedia untuk kembali kepada keluarga Tuhan? Mari kita berdoa bersama-sama dan memberitahu Tuhan bahawa anda percaya Dia telah menciptakan sebuah dunia yang sempurna dan menghantar anak-Nya untuk berkorban untuk dosa-dosa kita. Bertaubatlah dari dosa-dosa kamu, mohonlah pengampunan dan Tuhan akan menerima anda ke dalam keluarga-Nya sekali lagi."

- Luangkan masa beberapa ketika untuk memastikan semua pemimpin di latihan ini adalah penganut. Selepas menerangkan mengenai gelang gospel, tanyakan adakah sesiapa yang sudah bersedia untuk kembali kepada keluarga Tuhan.

Mengapakah Kita Memerlukan Bantuan Yesus?

1. Tiada siapa yang sebegitu pintar untuk kembali kepada Tuhan.

    –YESAYA 55:9–
    SEPERTI TINGGINYA LANGIT DARI BUMI, DEMIKIANLAH TINGGINYA JALAN-KU DARI JALANMU DAN RANCANGAN-KU DARI RANCANGANMU

"Sesetengah orang berfikir bahawa terdapat banyak laluan yang wujud ke arah Tuhan. Mereka menenun teori yang rumit untuk menerangkan bagaimana Yesus tidak mungkin menjadi satu-satunya cara untuk kembali kepada Tuhan. Fikiran Tuhan, bagaimanapun, membuatkan fikiran orang kelihatan kecil. Apabila Tuhan mengatakan bahawa Yesus sahajalah yang merupakan jalannya, kebenarannya dan kehidupannya, yang manakah anda akan percaya?"

> ✋ Tiada siapa yang sebegitu pintar
> Latakkan jari indeks kedua-dua tangan ke tepi kepala anda dan gelengkan kepala "Tidak".

2. Tiada siapa yang sebegitu pemurah untuk kembali kepada Tuhan.

–YESAYA 64:6–
DEMIKIANLAH KAMI SEKALIAN SEPERTI NAJIS DAN SEGALA KESALAHAN KAMI SEPERTI KAIN KOTOR; KAMI SEKALIAN MENJADI LAYU SEPERTI DAUN DAN KAMI LENYAP OLEH KEJAHATAN KAMI SEPERTI DAUN DILENYAPKAN OLEH ANGIN. (NLT)

"Sesetengah orang percaya bahawa mereka boleh mendapatkan hidup yang kekal dengan memberikan wang kepada golongan miskin. Mereka berfikir bahawa Tuhan akan melihat amalan baik mereka dan membenarkan mereka ke syurga. Amalan terbaik kita, walau bagaimanapun, adalah seperti kain buruk yang kotor berbanding dengan apa yang telah dilakukan oleh Tuhan. Dia memberikan anak-Nya yang tunggal bagi pihak kita apabila Yesus mati di atas salib untuk dosa-dosa kita. Tuhan menerima kebaikan ini semata-mata untuk keselamatan kita."

> ✋ Tiada siapa yang sebegitu pemurah
> Berpura-pura mengambil duit yang banyak dari poket atau beg duit anda dan gelengkan kepala "Tidak".

3. Tiada siapa yang sebegitu kuat untuk kembali kepada Tuhan.

   –ROMA 7:18–
   SEBAB AKU TAHU, BAHWA DI DALAM AKU, YAITU DI DALAM AKU SEBAGAI MANUSIA, TIDAK ADA SESUATU YANG BAIK. SEBAB KEHENDAK MEMANG ADA DI DALAM AKU, TETAPI TIADA KEUPAYAAN UNTUK MEMBUATNYA. (HCSB)

"*Orang lain percaya bahawa jalan ke arah Tuhan adalah melalui penafian. Mereka mengamalkan meditasi, puasa, dan menolak duniawi. Mereka percaya bahawa seseorang akan menyelamatkan dirinya dengan mengawal keinginannya. Seseorang itu perlu bergantung kepada kekuatan dirinya semata-mata. Seorang yang sedang lemas tidak mempunyai kuasa untuk menyelamatkan dirinya. Dia mesti menerima bantuan. Yesus adalah satu-satunya orang yang cukup kuat untuk hidup dengan sempurna. Kita kembali kepada Tuhan dengan bergantung kepada kekuatan Yesus dan bukannya usaha kita sendiri.*"

   ✋ Tiada siapa yang sebegitu kuat
   Angkatkan kedua lengan dalam posisi "lelaki yang kuat" dan gelengkan kepala "Tidak."

4. Tiada siapa yang sebegitu bagus untuk kembali kepada Tuhan

   –ROMA 3:23–
   KERANA SEMUA ORANG TELAH BERBUAT DOSA DAN TELAH KEHILANGAN KEMULIAAN TUHAN.

"*Kumpulan terakhir percaya bahawa mereka boleh dapat kembali kepada Tuhan kerana kebaikan yang mereka lakukan melebihi perbuatan jahat mereka. Mereka yakin bahawa mereka telah melakukan lebih banyak perbuatan yang baik dan mendapat nikmat di sisi Tuhan. Mereka menjelaskannya kepada diri mereka, dengan berkata, "Saya tidak pernah melakukan sesuatu yang buruk sebagaimana orang itu di sana." Walau bagaimanapun, Tuhan akan menghakimi kita semua, berdasarkan kehidupan anak-Nya yang sempurna iaitu Yesus. Berbanding dengan Yesus, kita semua banyak kekurangan. Hanya pengorbanan Yesus adalah yang cukup baik untuk diterima oleh Tuhan. Hanya Yesus yang cukup baik untuk membawa kita kembali ke dalam keluarga Tuhan. Kita mesti mempercayai kebaikan-Nya dan bukannya kebaikan diri kita sendiri."*

> ✋ **Tiada siapa yang sebegitu bagus**
> Letakkan tangan keluar, seolah-olah sedang berdiri pada alat penimbang, gerakkannya ke atas dan ke bawah, dan gelengkan kepala anda "Tidak".

Ayat-ayat Memori

-YOHANES 14:6-
KATA YESUS KEPADANYA: "AKULAH JALAN DAN KEBENARAN DAN HIDUP. TIDAK ADA SEORANGPUN YANG DATANG KEPADA BAPA, KALAU TIDAK MELALUI AKU."

- Semua orang berdiri dan melafazkan Ayat-ayat Memori sepuluh kali bersama-sama. Untuk enam kali pertama, mereka boleh menggunakan Alkitab atau nota pelajar mereka. Untuk empat kali terakhir, mereka perlu melafazkannya dari ingatan. Nyatakan rujukan ayat tersebut setiap kali sebelum memetik ayatnya dan duduk apabila telah selesai.
- Mengikuti rutin ini akan membantu jurulatih untuk mengetahui pasukan manakah yang telah menyiapkan pelajaran seksyen "Amalan".

Latihan

- Bahagikan para pemimpin ke dalam kumpulan empat orang.

    "Sekarang, kita akan menggunakan proses latihan yang sama yang digunakan oleh Yesus untuk mengamalkan apa yang kita telah pelajari dalam pelajaran kepimpinan ini."

- Bantu para pemimpin untuk melalui proses latihan langkah demi langkah, dengan memberikan mereka 7-8 minit untuk membincangkan setiap seksyen berikut.

KEMAJUAN

"Kongsikan satu testimoni yang singkat dengan kumpulan anda mengenai seseorang yang telah menjadi pengikut Kristusus baru-baru ini."

MASALAH

"Kongsikan dengan kumpulan anda apa yang membuatkan berkongsi gospel sesuatu yang sukar untuk anda.."

PELAN

"Kongsikan nama lima orang yang anda akan berkongsi gospel dengan dalam 30 hari yang akan datang.."

- Setiap orang harus merekodkan pelan pasangan masing-masing agar mereka boleh berdoa untuk mereka kemudian.

AMALAN

- Menggunakan "gelang gospel" sebagai panduan, setiap pemimpin harus mengambil giliran untuk berkongsi gospel dengan kumpulan kecil mereka.
- Semua ahli kumpulan berdiri dan melafazkan Ayat-ayat Memori sepuluh kali bersama.

DOA

"Luangkan masa untuk berdoa bagi nama-nama yang disenaraikan oleh kumpulan, iaitu mereka yang perlu kembali kepada keluarga Tuhan"

PENUTUP

Kuasa di sebalik Melatih Jurulatih

Tulis jadual berikut pada papan putih atau sekeping kertas poster sebelum sesi bermula. Buat kajian mengenai statistik-statistik ini sebelum sesi bermula, tetapi biarkan para pemimpin memberikan anggaran mereka. Debat ini akan memupuk perbincangan yang aktif mengenai bilangan angka yang betul dan membuatkan nombor tersebut kelihatan lebih "sebenar" kepada para peserta.

Jumlah Populasi		Mulakan Gereja Baru	
Jumlah Bukan Penganut		Purata Saiz Gereja	
Jumlah Penganut		Jumlah Gereja	
Mencapai Matlamat 2%		Matlamat Gereja	

"Saya ingin menunjukkan kepada anda mengapa pokok latihan adalah penting. Mari kita isikan jadual berikut bersama-sama."

[Statistik yang dipetik untuk kumpulan orang-orang di dalam ilustrasi ini adalah untuk contoh sahaja. Jika semua pemimpin datang dari kumpulan yang sama, gunakan statistik kumpulan mereka. Jika mereka datang dari beberapa kumpulan, gunakan angka-angka bagi wilayah, negeri, atau negara tersebut.]

Jumlah Populasi	2,000,000	Mulakan Gereja Baru	10
Jumlah Bukan Penganut	1,995,000	Purata Saiz Gereja	50
Jumlah Penganut	5,000	Jumlah Gereja	100
Mencapai Matlamat 2%	40,000	Matlamat Gereja	800

"Kumpulan orang kami mempunyai jumlah penduduk 2,000,000 orang. Kami menganggarkan terdapat 5,000 orang penganut, yang bermaksud bahawa 1,995,000 orang tidak mengikuti Yesus. Matlamatnya adalah untuk mencapai sekurang-kurangnya 2% daripada penduduk untuk mengikuti Yesus, yang bermakna 40,000 orang. Perjalanannya masih jauh!

Secara purata, sebuah gereja yang sedia ada akan memulakan sebuah gereja baru setiap 10 tahun. Saiz gereja purata di seluruh dunia adalah 50 orang, maka kami menganggarkan bahawa terdapat kira-kira 100 gereja di dalam kumpulan orang-orang kami (5,000/50). Matlamat kami adalah untuk mencapai 40,000 orang, maka kami perlu untuk memulakan 700 gereja tambahan. Angka-angka ini adalah satu anggaran, tetapi ianya membantu untuk membentuk gambaran mengenai apa yang berlaku di dalam kumpulan orang-orang kami.

Gereja tradisional yang biasa memakan masa sepuluh tahun untuk memulakan gereja lain, maka dalam tempoh sepuluh tahun kita akan mempunyai dua kali ganda bilangan gereja. Matlamat kami untuk jumlah bilangan gereja adalah 800 (40,000/50). Beberapa gereja akan mempunyai lebih daripada lima puluh orang pengikut, tetapi kebanyakan gereja akan mempunyai bilangan yang lebih kecil, jadi ini adalah anggaran yang baik. Sekarang, mari kita bandingkan dua cara yang berbeza untuk mencapai matlamat kita."

Mulakan Gereja Tradisional	Bilangan Tahun	Melatih Pemimpin	Bilangan Tahun
100		5,000	
200	10	10,000	1
400	20	20,000	2
800	30	40,000	3

"Seperti yang anda boleh lihat, jika kami menumpukan perhatian terhadap melatih pemimpin untuk memulakan kumpulan, kami boleh mencapai matlamat ini dalam tempoh tiga tahun. Kini, kami mempunyai 5000 orang penganut. Jika setiap seorang mengongsikan gospel, membawa seseorang kepada Kristusus, melatih mereka sebagai pemimpin di dalam kumpulan, dan mengajar mereka bagaimana untuk melakukan perkara yang sama, kita akan menggandakan bilangan ini setiap tahun dan mempunyai 40,000 orang penganut selepas tiga tahun.

Jika kita bergantung semata-mata dengan memulakan gereja secara tradisional, kita akan mencapai matlamat ini dalam tempoh 30 tahun. Kita sekarang mempunyai 100 gereja dan jika ia menjadi dua kali ganda setiap 10 tahun, kita akan mempunyai 800 gereja dalam tempoh 30 tahun.

Terdapat perbezaan yang besar antara tiga tahun dan tiga puluh tahun!

Masalah yang lazim di kalangan gereja adalah bahawa mereka tidak menggunakan proses untuk melatih seseorang untuk menjadi pemimpin. Hasilnya, terdapat kekurangan pemimpin untuk membantu mewujudkan gereja-gereja baru atau kumpulan-kumpulan baru. Apabila kita berlatih seperti Yesus, ia menyelesaikan masalah ini dengan cara yang mudah, tetapi berkuasa."

Pelan Yesus Saya

- Minta para pemimpin untuk berpaling ke bahagian belakang buku panduan peserta mereka di mana mereka akan melihat halaman "Pelan Jesus". Terangkan para pemimpin akan mengongsikan Pelan Yesus bersama kumpulan pada akhir seminar nanti. Selepas itu, para pemimpin akan berdoa untuk memohon rahmat Tuhan untuk keluarga, gereja dan pelan mereka.

"Anda akan mendapati tempat di dalam anak panah untuk mengisikan demografi untuk kumpulan sasaran anda. Luangkan sedikit masa untuk berdoa dan mengisikan ruang kosong ini dengan sebaik yang boleh. Anda sentiasa boleh menukarnya kemudian jika anda menerima maklumat yang lebih baik."

7

Membuat Pengikut

Seorang pemimpin yang baik sentiasa mempunyai rancangan yang baik. Yesus telah memberikan pengikutnya pelan yang mudah, tetapi berkuasa, untuk diikuti oleh gereja mereka dalam Lukas 10: persiapkan hati anda, cari orang yang menyukai keamanan, kongsikan berita yang baik dan nilai keputusannya. Yesus telah memberikan kita pelan yang baik untuk diikuti.

Sama ada kita hendak memulakan sebuah kumpulan di sebuah gereja, sebuah gereja baru ataupun kumpulan sel, langkah-langkah yang terdapat di dalam pelan Yesus akan membantu kita untuk mengelak daripada melakukan kesilapan yang tidak perlu. Pelajaran ini mengajar para pemimpin bagaimana untuk membimbing antara satu sama lain untuk melaksanakan pelan Yesus peribadi mereka. Mereka juga akan mula bekerja ke arah pembentangan pelan Yesus mereka untuk kumpulan itu.

Puji-Pujian

- Nyanyikan dua lagu sembahan bersama-sama. Mohon seorang pemimpin untuk berdoa bagi sesi ini.

Kemajuan

- Minta seorang pemimpin yang lain untuk berkongsi testimoni ringkas (tiga minit) bagaimana Tuhan sedang memberkati kumpulannya. Selepas pemimpin tersebut mengongsikan testimoninya, mohon kumpulan tersebut berdoa untuknya.
- Sebagai alternatif, modelkan satu contoh latihan bersama seorang pemimpin menggunakan model latihan kepimpinan "Kemajuan, Masalah, Pelan, Amalan, Doa".

Masalah

"Apabila kita gagal untuk merancang, kita merancang untuk gagal. Membangunkan pelan yang mudah dan strategik boleh menjadi sukar. Ramai pemimpin yang menghabiskan kebanyakan masa mereka dengan bertindakbalas kepada masalah dan bukannya berusaha ke arah landasan yang jelas untuk masa depan."

Pelan

"Yesus datang untuk mencari dan menyelamatkan mereka yang hilang dan apabila kita mengikuti-Nya, kita akan melakukan perkara yang sama. Dia memberikan pengikutnya pelan yang jelas yang kita juga boleh gunakan untuk misi kita."

Ulasan

Selamat Datang
    Siapa yang Membina Gereja?
    Mengapakah Ia Penting?
    Bagaimanakah Yesus Membina Gereja-Nya?
        Teguh Bersama Tuhan ✋
        Berkongsi Gospel ✋
        Membuat Pengikut ✋
        Memulakan Kumpulan dan Gereja ✋
        Membangunkan Pemimpin ✋

> –1 Korintus 11:1–Hendaklah kamu menurut teladanku, seperti aku pun menurut teladan Kristusus.(NAS)

Berlatih Seperti Yesus
    Bagaimanakah Yesus Melatih Pemimpin?
        Kemajuan ✋
        Masalah ✋
        Pelan ✋
        Amalan ✋
        Berdoa ✋

> –Lukas 6:40–Seorang murid tiada lebih daripada gurunya; tetapi tiap-tiap murid yang sudah cukup pelajaran itu akan menjadi sama seperti gurunya. (HCSB)

Memimpin Seperti Yesus
    Siapakah Yang Yesus Katakan Sebagai Pemimpin yang Terhebat? ✋
    Apakah Tujuh Kualiti Seorang Pemimpin yang Hebat?
        1. Pemimpin yang Hebat Menyukai Orang Ramai ✋
        2. Pemimpin yang Hebat Mengetahui Misi Mereka ✋

3. Pemimpin yang Hebat Berkhidmat untuk Pengikut Mereka 🖐
4. Pemimpin yang Hebat Memperbetulkan Kesilapan Dengan Kebaikan Hati 🖐
5. Pemimpin yang Hebat Mengetahui Masalah-masalah Semasa di dalam Kumpulan Mereka 🖐
6. Pemimpin yang Hebat Memberikan Contoh yang Baik untuk Diikuti 🖐
7. Pemimpin yang Hebat Mengetahui Bahawa Mereka Diberkati 🖐

–Yohanes 13:14-15–Jikalau Aku, Tuhan dan Guru, sudah membasuh kakimu, patutlah kamu juga membasuh kaki sama sendiri. Kerana Aku sudah memberi teladan kepada kamu, supaya kamu juga berbuat sama seperti Aku perbuat kepadamu.

Berkembang Kukuh
Personaliti yang Manakah yang Tuhan telah Berikan Kepada Anda?
Askar 🖐
Pencari 🖐
Gembala 🖐
Penyemai 🖐
Anak Lelaki/Perempuan 🖐
Santo 🖐
Hamba 🖐
Pelayan 🖐

Jenis Personaliti yang Manakah yang Paling Dikasihi oleh Tuhan?
Jenis Personaliti yang Manakah yang akan Membuat Pemimpin yang Terbaik?

–Roma 12:4-5–Kerana sama seperti kita menaruh di dalam satu tubuh banyak anggota, tetapi

semua anggota itu bukannya memegang serupa pekerjaan, demikianlah juga kita yang banyak ini menjadi satu tubuh di dalam Kristusus, tetapi masing-masing anggota beranggotakan yang lain.

Teguh Bersama
  Mengapakah Terdapat Lapan Jenis Orang Di Dunia Ini?
  Macam manakah perwatakan Yesus?
   Askar
   Pencari
   Gembala
   Penyemai
   Anak Lelaki/Perempuan
   Penyelamat/Santo
   Hamba
   Pelayan
  Apakah Tiga Pilihan Kita Apabila Konflik Berlaku?
   Melarikan Diri
   Berlawan Di Antara Satu Sama Lain
   Cari Satu Cara Menggunakan Semangat Ketuhanan
    Untuk Bekerja Bersama

   –Galatia 2:20–Aku telah disalibkan dengan Kristus. Adapun hidupku ini bukannya aku lagi, melainkan Kristus yang hidup di dalam aku. (NAS)

Kongsikan Gospel
  Bagaimanakah Saya Boleh Mengongsikan Gospel Dengan
   Mudah?
   Manik Emas
   Manik Biru
   Manik Hijau
   Manik Hitam
   Manik Putih
   Manik Merah

Mengapakah Kita Memerlukan Bantuan Yesus?

Tiada siapa yang sebegitu pintar untuk kembali kepada Tuhan.

Tiada siapa yang sebegitu pemurah untuk kembali kepada Tuhan.

Tiada siapa yang sebegitu kuat untuk kembali kepada Tuhan.

Tiada siapa yang sebegitu bagus untuk kembali kepada Tuhan.

–Yohanes 14:6–Kata Yesus kepadanya: "Akulah jalan dan kebenaran dan hidup. Tidak ada seorangpun yang datang kepada Bapa, kalau tidak melalui Aku."

Apakah Langkah Pertama Dalam Pelan Yesus?

–LUKAS 10:1-4–

¹KEMUDIAN DARI PADA ITU TUHAN MENUNJUK TUJUH PULUH DUA MURID YANG LAIN, LALU MENGUTUS MEREKA BERDUA-DUA MENDAHULUI-NYA KE SETIAP KOTA DAN TEMPAT YANG HENDAK DIKUNJUNGI-NYA.

²KATA-NYA KEPADA MEREKA: "TUAIAN MEMANG BANYAK, TETAPI PEKERJA SEDIKIT. KARENA ITU MINTALAH KEPADA TUAN YANG EMPUNYA TUAIAN, SUPAYA IA MENGIRIMKAN PEKERJA-PEKERJA UNTUK TUAIAN ITU.

³PERGILAH, SESUNGGUHNYA AKU MENGUTUS KAMU SEPERTI ANAK DOMBA KE TENGAH-TENGAH SERIGALA.

⁴JANGANLAH MEMBAWA PUNDI-PUNDI ATAU BEKAL ATAU KASUT, DAN JANGANLAH MEMBERI SALAM KEPADA SIAPAPUN SELAMA DALAM PERJALANAN.

1. Persiapkan Hati Anda (1-4)

PERGI DALAM PASANGAN (1)

"Dalam ayat 1, Yesus berkata untuk pergi secara berpasangan: dalam kebanyakan budaya, ini bermakna dua orang lelaki atau dua orang wanita. Tanpa rakan, anda akan bersendirian. Satu darab satu darab satu masih sama dengan satu. Dua darab dua darab dua pula bersamaan dengan lapan. Potensi untuk pendaraban atau pengembangan meningkat apabila anda mempunyai rakan kerja.

Masa-masa yang sukar merendahkan semangat kebanyakan orang, terutama sekali sekiranya mereka bekerja bersendirian. Dalam sekuruh Alkitab, pemimpin rohani bekerja bersama dengan rakan-rakan dan Yesus mengesahkan amalan ini di dalam pelan-Nya."

- Ajarkan prinsip ini dengan mempersembahkan lakonan berikut::

✺ Bersandar Pada Saya ✺

"Apakah yang akan terjadi sekiranya anda pergi berdakwah seorang diri dan menemui kemalangan?"

    o Berjalan di sekeliling bilik seolah-olah anda akan ke kawasan gereja anda. Beritahu semua orang bahawa anda telah terlibat dalam satu kemalangan dan telah patah kaki anda. Berjalan dengan tempang di seluruh bilik sambil cuba untuk berdakwah kepada orang lain. Kemudian umumkan bahawa kilat telah menyambar anda. Terus cuba untuk berdakwah, tetapi kini dengan menggerenyet leher anda.

"Bagaimanakah keadaan akan berubah sekiranya seorang rakan kerja bersama dengan saya?"

- o Ulangi senario yang sama tetapi kali ini bersama dengan seorang rakan kerja. Pasangan anda akan membantu membalut dan menjaga anda selepas kemalangan itu. Pasangan anda akan memberi amaran kepada anda untuk tidak berada dalam hujan apabila anda mempunyai sebatang logam di tangan anda.

"Yesus adalah bijak apabila Dia berfirman untuk kita pergi dalam pasangan. Dia tahu bahawa kesusahan mungkin menimpa, dan kita akan memerlukan seseorang untuk membantu kita apabila ianya berlaku."

✋ Gunakan jari indeks dan jari tengah pada kedua-dua tangan untuk "berjalan" bersama-sama.

"Tuliskan di dalam lajur pertama "Pelan Yesus Saya" nama orang yang anda percaya boleh menjadi rakan kerja anda."

PERGI KE MANA YESUS SEDANG BEKERJA (1)

"Kerana kita mengikuti Yesus, kita tidak melakukan apa-apa sendiri, tetapi melihat dan mencari di mana Yesus sedang bekerja, dan menyertai-Nya. Melihat di mana Yesus mahu kita pergi bukan selalunya mudah. Berita baiknya adalah, walaupun begitu, Dia mengasihi kita dan akan menunjukkannya kepada kita."

- Ulangkaji semula pergerakan tangan dari pelajaran "Pergi" dari Seminar Pengikut.

"Saya tidak melakukan apa-apa bersendirian."

> ✋ Letakkan satu tangan di atas hati anda dan gelengkan kepala mengatakan 'tidak'.

"Saya melihat dan mencari di mana Tuhan sedang bekerja."

> ✋ Letakkan satu tangan di atas mata anda, lihat dan cari ke kiri dan kanan.

"Di mana Dia bekerja, saya akan menyertai-Nya."

> ✋ Tujukan tangan ke satu tempat di hadapan anda dan anggukkan kepala "ya".

"Dan saya tahu Dia mengasihi saya dan akan menunjukkannya kepada saya."

> ✋ Naikkan tangan ke atas dalam puji-pujian dan kemudian silangkannya di atas hati anda.

"Tuliskan di dalam lajur pertama "Pelan Yesus Saya" di mana Tuhan sedang bekerja dan ke manakah Dia sedang memanggil anda untuk pergi."

BERDOA UNTUK PEMIMPIN DARI HASIL TUAIAN (2)

"Dalam ayat kedua, Yesus menyuruh kita untuk berdoa untuk kerja-kerja sebelum kita pergi. Yesus berdoa dengan bersungguh-sungguh sebelum pergi untuk menjalankan rancangan-Nya. Kita

juga perlu menghabiskan banyak masa dengan bersembahyang sebelum kita memulakan pelan kita.

Apabila kita berdoa, kita memuji Tuhan untuk mereka yang di dalam kumpulan kita, untuk bagaimana Dia bekerja dan untuk orang-orang yang kita akan capai."

✋ **Puji-Pujian**
   Tangan diangkatkan dalam penyembahan.

"Kita bertaubat daripada dosa dalam kehidupan kita. Kita bertaubat untuk mana-mana dosa dalam kehidupan orang-orang yang mengikuti kita. Kita bertaubat juga untuk mana-mana dosa kumpulan yang ingin kita capai (sebagai contohnya, kepercayaan karut, penyembahan berhala atau menggunakan azimat)."

✋ **Bertaubat**
   Tapak tangan dihala keluar dan menutupi muka; kepala dipusingkan ke arah lain.

"Then we ask God to give us local leaders in the place we are going. We ask God to make us leaders who follow Yesus, so when others follow us, they are following Yesus. Maka kita meminta Tuhan untuk memberikan kita pemimpin-pemimpin tempatan di tempat yang kita akan pergi. Kita meminta Tuhan untuk memberikan kita pemimpin yang mengikuti Yesus, supaya apabila orang lain mengikuti kita, mereka juga akan mengikuti Yesus."

✋ **Minta**
   Tangan dicangkukkan untuk menerima.

"Akhirnya, kita berserah kepada apa yang Tuhan mahu kita lakukan."

✋ **Berserah**
Tangan dilipatkan dalam kedudukan berdoa dan diletakkan tinggi berhampiran dengan dahi kita sebagai tanda hormat.

"Tuliskan pada lajur pertama "Pelan Jesus Saya", nama-nama bagi bakal pemimpin yang anda berdoa untuk di tempat yang anda bakal pergi."

PERGI DENGAN RENDAH DIRI (3)

"Dalam ayat tiga, Yesus berkata bahawa Beliau menghantar kita sebagai anak-anak domba di kalangan serigala, agar kita pergi dengan rendah hati. Orang akan mendengar mesej yang datang dari hati yang merendah diri. Mereka tidak akan mendengar jika mereka percaya bahawa kita bersifat bangga atau sombong."

- Ajarkan prinsip ini dengan mempersembahkan lakonan berikut

◈ Pemimpin yang Hebat ◈

"Pada pendapat anda, apakah yang akan difikirkan oleh orang-orang di sebuah kampung sekiranya saya pergi ke kampung mereka seperti ini...?"

- Berjalan di sekeliling kampung dengan mendabik dada dan berkata, "Sayalah Pemimpin yang Hebat, anda mesti mendengar cakap saya!" Pastikan semua orang mengetahui bahawa anda berfikir anda lah yang terhebat dan yang terbaik.

"Yesus adalah bijak apabila Dia berkata kepada kita untuk pergi dengan rendah hati. Orang lebih menerima apabila pembawa mesej itu adalah merendah diri dan mempunyai hati untuk membantu orang lain. Tiada siapa yang sukakan orang yang suka mengarah."

🖐 Pergi dengan Rendah Diri
   Letakkan tangan dalam posisi "tangan yang berdoa" dan tunduk.

"Tuliskan pada lajur pertama "Pelan Yesus Saya" jawapan anda untuk soalan berikut: apakah maksud 'pergi dengan rendah diri' untuk anda?"

BERGANTUNGLAH PADA TUHAN, BUKANNYA WANG (4)

"Dalam Pelan Yesus, Yesus memberikan kita prinsip-prinsip yang jelas untuk diikuti untuk memulakan satu gereja atau misi. Sepanjang sejarah Kristian, pemimpin-pemimpin telah membuat banyak kesilapan di dalam gereja mereka kerana mereka mengabaikan salah satu daripada prinsip-prinsip ini. Yesus memberitahu kita bahawa gereja atau misi kita mestilah bergantung kepada Tuhan dan bukannya wang. Kita boleh berkhidmat untuk Tuhan atau wang, tetapi tidak kedua-duanya. Kita perlu memastikan bahawa segala yang kita lakukan adalah bergantung kepada Tuhan dan bukannya wang."

- Ajarkan prinsip ini dengan mempersembahkan lakonan berikut:

ೞ **Wang adalah seperti Madu** ೞ

"Pada pendapat anda, apakah yang akan difikirkan oleh orang-orang di sebuah kampung sekiranya kami pergi ke kampung mereka seperti ini…?"

- Bawa sebuah beg dengan anda dan berpura-pura memasuki sebuah kampung. Dekati salah seorang pemimpin dan katakan, "Kami sedang memulakan sebuah gereja baru di kampung ini. Kami mempunyai wang yang banyak. Mari lihat apa yang kami boleh lakukan untuk anda!" Ulangi ucapan yang sama ini kepada beberapa pemimpin dalam kumpulan tersebut.

"Yesus adalah bijak apabila Dia mengatakan untuk tidak percaya kepada wang. Di dalam berdakwah, orang seharusnya datang kepada Yesus kerana Dia adalah anak Tuhan dan Penyelamat dunia, dan bukannya kerana janji-janji untuk wang dan bantuan. Wang adalah seperti madu dan menarik bersamanya masalah sekiranya kita bergantung kepada wang dan bukan Tuhan."

> Bergantunglah kepada Tuhan, bukannya Wang
> Berpura-pura untuk mengeluarkan duit dari poket baju anda, gelengkan kepala "tidak," dan kemudian tunjuk ke arah syurga dan anggukkan kepala anda "ya".

"Tuliskan dalam lajur pertama "Pelan Yesus Saya" berapakah kos yang diperlukan untuk menampung perbelanjaan gereja atau misi anda di dalam tahun yang pertama."

PERGI TERUS KE MANA DIA MEMANGGIL (4)

"Yesus menyuruh kita di dalam ayat empat, supaya tidak menegur sesiapa di sepanjang perjalanan kita. Beliau bukannya menyuruh kita untuk menjadi biadap, tetapi untuk terus memberikan

tumpuan kepada misi yang Dia telah berikan. Kebanyakan daripada kita mudah terganggu dengan melakukan tugas-tugas yang baik, tetapi bukannya melakukan tugas yang terbaik."

- Ajarkan prinsip ini dengan mempersembahkan lakonan ini:

⁂ Gangguan yang Baik ⁂

"Pada pendapat anda, apakah yang akan difikirkan oleh orang-orang di sebuah kampung sekiranya saya pergi ke kampung mereka seperti ini…?"

- Beritahu semua orang bahawa seorang perantis akan menunjukkan prinsip ini. Tunjuk kepada satu kumpulan penghujung lain bilik itu dan katakan:

"Sekumpulan orang telah meminta rakan saya untuk membantu mereka. Lihatlah apa yang terjadi."

- Perantis tersebut menerangkan kepada para pemimpin apa yang dia sedang lakukan sambil dia melakukannya. Perantis tersebut pergi ke arah kumpulan orang yang memerlukan bantuan, tetapi mengingati bahawa dia harus mengucapkan selamat tinggal kepada kawan-kawannya terlebih dahulu. Dia duduk dengan kawan-kawannya dan berbicara dengan mereka sebentar. Selepas beberapa minit, beliau "mengingati" bahawa dia perlu pergi untuk satu misi. Dia bangun untuk bermula sekali lagi, tetapi ingat bahawa dia ada berhutang wang dengan kakaknya, jadi dia pergi ke rumahnya. Kakaknya memberi dia makan malam dan menyuruhnya untuk tinggal di situ semalaman. Kali ketiga beliau bersedia untuk pergi lagi, dia membuat satu lagi alasan budaya yang lazim. Akhirnya, dia sampai ke kawasan dakwahnya, tetapi tiada satu orang pun yang mahu mendengarkannya sekarang.

"Yesus adalah bijak apabila dia memberitahu kita untuk pergi terus ke tempat berdakwah di mana dia telah memanggil kita. Hal-hal keduniaan mudah mengalihkan perhatian kita dan menyebabkan kita terlepas apa yang Tuhan sedang lakukan di suatu tempat dakwah."

🖐 Letakkan tapak tangan dan jarii dari kedua-dua tangan bersama dan buatkan pergerakan "Dengan Segera".

"Tuliskan di dalam lajur pertama "Pelan Jesus Saya", dalam nota anda, satu senarai gangguan-gangguan yang mungkin anda hadapi."

Ayat-ayat Memori

–LUKAS 10:2–
KATA-NYA KEPADA MEREKA: "TUAIAN MEMANG BANYAK, TETAPI PEKERJA SEDIKIT. KARENA ITU MINTALAH KEPADA TUAN YANG EMPUNYA TUAIAN, SUPAYA IA MENGIRIMKAN PEKERJA-PEKERJA UNTUK TUAIAN ITU."

- Semua orang berdiri dan melafazkan Ayat-ayat Memori sepuluh kali bersama-sama. Untuk enam kali pertama, mereka boleh menggunakan Alkitab atau nota pelajar mereka. Untuk empat kali terakhir, mereka perlu melafazkannya dari ingatan. Nyatakan rujukan ayat tersebut setiap kali sebelum memetik ayatnya dan duduk apabila telah selesai.
- Mengikuti rutin ini akan membantu jurulatih untuk mengetahui pasukan manakah yang telah menyiapkan pelajaran seksyen "Amalan".

LATIHAN

- Bahagikan para pemimpin ke dalam kumpulan empat orang. Minta mereka untuk menggunakan proses latihan dengan pelajaran kepimpinan ini dan menjawab soalan-soalan di bawah.
- Bantu para pemimpin untuk melalui proses latihan langkah demi langkah, dengan memberikan mereka 7-8 minit untuk membincangkan setiap seksyen berikut.

KEMAJUAN

"Bahagian manakah dari langkah ini merupakan yang paling mudah untuk kumpulan anda patuhi?"

MASALAH

"Bahagian manakah dari langkah ini merupakan yang paling sukar untuk kumpulan anda patuhi?"

PELAN

"Apakah satu tugasan yang anda akan mula lakukan dalam kumpulan anda dalam 30 hari yang akan datang untuk mematuhi langkah dari Pelan Yesus ini?"

- Setiap orang harus merekodkan pelan masing-masing agar mereka boleh berdoa untuk pasangan mereka kemudian.

AMALAN

"Apakah satu tugasan yang anda akan perbaiki di dalam kumpulan anda dalam 30 hari yang akan datang untuk mematuhi langkah dari Pelan Yesus ini?"

- Setiap orang harus merekodkan amalan pasangan masing-masing agar mereka boleh berdoa untuk mereka kemudian.
- Para pemimin berdiri dan melafazkan Ayat-ayat Memori sebanyak sepuluh kali bersama-sama selepas setiap orang telah mengongsikan kemahiran yang mereka mahu amalkan.

DOA

- Luangkan masa untuk berdoa bagi pelan dan kemahiran yang masing-masing ingin amalkan dalam 30 hari yang akan datang untuk memperbaiki diri sebagai seorang pemimpin

PENUTUP

Pelan Yesus Saya

- Minta para pemimpin untuk pergi ke halaman "Pelan Yesus" di bahagian belakang buku panduan peserta mereka.

"Dengan menggunakan nota anda dari sesi ini, isikan lajur pertama untuk Pelan Yesus anda – bagaimana anda akan melakukan tugas anda. Tuliskan butir-butir terperinci tentang bagaimana anda akan mengikuti prinsip-prinsip Yesus dari Lukas 10 untuk berdakwah."

My Jesus Plan

Now
Population –
Believers –
Churches –

Vision
Population –
Believers –
Churches –

How we will go	What we will do	Where we will go	Who will go

8

Memulakan Kumpulan

Para pemimpin telah mempersiapkan hati mereka dalam Langkah 1 dari Pelan Yesus. Pelajaran "Memulakan Kumpulan" meliputi langkah-langkah 2, 3 dan 4. Kita boleh mengelakkan banyak kesilapan dalam berdakwah dan dalam misi kita hanya dengan mengikuti prinsip-prinsip Pelan Yesus dari Lukas 10. Para pemimpin menerapkan prinsip-prinsip ini pada akhir sesi ini dengan mengisikan "Pelan Yesus" peribadi mereka.

Langkah kedua adalah tentang membentuk perhubungan. Kita menyertai Tuhan di mana Dia bekerja dan mencari orang-orang yang berpengaruh dan responsif kepada mesej yang ingin kita sampaikan. Kita menerima makanan dan minuman yang mereka hidangkan untuk menunjukkan bahawa kita menerima mereka. Kita tidak melonjak dari satu persahabatan ke persahabatan yang lain kerana ini bercanggah dengan mesej perdamaian yang kita sampaikan.

Kita mengongsikan berita baik itu dalam Langkah ketiga. Yesus adalah seorang gembala dan mahu melindungi dan menyediakan keperluan orang-orang-Nya. Dalam langkah ini, jurulatih menggalakkan pemimpin untuk mencari jalan untuk membawa penyembuhan di samping mereka berdakwah. Orang ramai tidak akan mengambil berat tentang apa yang anda tahu sehinggalah mereka tahu bahawa anda mengambil berat. Menyembuhkan yang sakit membuka pintu untuk mengongsikan gospel.

Kita menilai keputusan yang diperoleh dan menyesuaikan diri dalam Langkah 4. Bagaimana orang ramai menerimanya? Adakah terdapat minat yang ikhlas terhadap hal-hal rohani atau adakah sifat ingin tahu mereka dipandu oleh sebab-sebab lain seperti wang? Sekiranya orang ramai memberikan respon, kita boleh meneruskan misi tersebut. Sekiranya orang ramai tidak memberikan respon, Yesus menyuruh kita untuk meninggalkan tempat tersebut dan bermula di tempat yang lain.

PUJI-PUJIAN

- Nyanyikan dua lagu sembahan bersama-sama. Mohon seorang pemimpin untuk berdoa bagi sesi ini.

KEMAJUAN

- Minta seorang pemimpin yang lain untuk berkongsi testimoni ringkas (tiga minit) bagaimana Tuhan sedang memberkati kumpulannya. Selepas pemimpin tersebut mengongsikan testimoninya, mohon kumpulan tersebut berdoa untuknya.
- Sebagai alternatif, modelkan satu contoh latihan bersama seorang pemimpin menggunakan model latihan kepimpinan "Kemajuan, Masalah, Pelan, Amalan, Doa".

Masalah

"Keabanyakan masa, para penganut mempunyai hati yang baik dan adalah ghairah tentang menyampaikan mesej kepada komuniti mereka. Walau bagaimanapun, mereka tidak mempunyai pelan yang mudah untuk diikuti yang bersesuaian dengan matlamat mereka. Ramai yang memulakan kumpulan melalui cara percubaan dan kesilapan, tetapi kaedah ini membazirkan masa dan tenaga. Yesus memberikan pengikutnya arahan yang jelas tentang bagaimana untuk memulakan kumpulan. Apabila kita mengikuti pelan-Nya, kita menyertai-Nya di mana Dia bekerja dan mengelakkan daripada melakukan kesilapan yang sia-sia."

Pelan

"Matlamat untuk pelajaran ini adalah untuk menunjukkan kepada anda cara yang baik untuk memulakan satu kumpulan pengikut mengikut arahan Yesus. Kita bermula dengan mencari orang keamanan dan memenuhi keperluan fizikal dan rohani mereka. Yesus juga mengarahkan kita untuk menilai kerja-kerja kita pada akhir pelan-Nya."

Ulasan

Selamat Datang
   Siapa yang Membina Gereja?
   Mengapakah Ia Penting?
   Bagaimanakah Yesus Membina Gereja-Nya?
      Teguh Bersama Tuhan
      Berkongsi Gospel
      Membuat Pengikut
      Memulakan Kumpulan dan Gereja
      Membangunkan Pemimpin

-1 Korintus 11:1-Hendaklah kamu menurut teladanku, seperti aku pun menurut teladan Kristusus.(NAS)

Berlatih Seperti Yesus
Bagaimanakah Yesus Melatih Pemimpin?
- Kemajuan
- Masalah
- Pelan
- Amalan
- Berdoa

-Lukas 6:40-Seorang murid tiada lebih daripada gurunya; tetapi tiap-tiap murid yang sudah cukup pelajaran itu akan menjadi sama seperti gurunya. (HCSB)

Memimpin Seperti Yesus
Siapakah Yang Yesus Katakan Sebagai Pemimpin yang Terhebat?
Apakah Tujuh Kualiti Seorang Pemimpin yang Hebat?
1. Pemimpin yang Hebat Menyukai Orang Ramai
2. Pemimpin yang Hebat Mengetahui Misi Mereka
3. Pemimpin yang Hebat Berkhidmat untuk Pengikut Mereka
4. Pemimpin yang Hebat Memperbetulkan Kesilapan Dengan Kebaikan Hati
5. Pemimpin yang Hebat Mengetahui Masalah-masalah Semasa di dalam Kumpulan Mereka
6. Pemimpin yang Hebat Memberikan Contoh yang Baik untuk Diikuti
7. Pemimpin yang Hebat Mengetahui Bahawa Mereka Diberkati

—Yohanes 13:14-15—Jikalau Aku, Tuhan dan Guru, sudah membasuh kakimu, patutlah kamu juga membasuh kaki sama sendiri. Kerana Aku sudah memberi teladan kepada kamu, supaya kamu juga berbuat sama seperti Aku perbuat kepadamu.

Berkembang Kukuh

Personaliti yang Manakah yang Tuhan telah Berikan Kepada Anda?

- Askar
- Pencari
- Gembala
- Penyemai
- Anak Lelaki/Perempuan
- Santo
- Hamba
- Pelayan

Jenis Personaliti yang Manakah yang Paling Dikasihi oleh Tuhan?

Jenis Personaliti yang Manakah yang akan Membuat Pemimpin yang Terbaik?

—Roma 12:4-5—Kerana sama seperti kita menaruh di dalam satu tubuh banyak anggota, tetapi semua anggota itu bukannya memegang serupa pekerjaan, demikianlah juga kita yang banyak ini menjadi satu tubuh di dalam Kristusus, tetapi masing-masing anggota beranggotakan yang lain.

Teguh Bersama

Mengapakah Terdapat Lapan Jenis Orang Di Dunia Ini?
Macam manakah perwatakan Yesus?

- Askar
- Pencari
- Gembala

Penyemai ✋
Anak Lelaki/Perempuan ✋
Penyelamat/Santo ✋
Hamba ✋
Pelayan ✋
Apakah Tiga Pilihan Kita Apabila Konflik Berlaku?
Melarikan Diri ✋
Berlawan Di Antara Satu Sama Lain ✋
Cari Satu Cara Menggunakan Semangat Ketuhanan Untuk Bekerja Bersama ✋

−Galatia 2:20−Aku telah disalibkan dengan Kristus. Adapun hidupku ini bukannya aku lagi, melainkan Kristus yang hidup di dalam aku. (NAS)

Kongsikan Gospel
Bagaimanakah Saya Boleh Mengongsikan Gospel Dengan Mudah?
Manik Emas
Manik Biru
Manik Hijau
Manik Hitam
Manik Putih
Manik Merah
Mengapakah Kita Memerlukan Bantuan Yesus?
Tiada siapa yang sebegitu pintar untuk kembali kepada Tuhan. ✋
Tiada siapa yang sebegitu pemurah untuk kembali kepada Tuhan. ✋
Tiada siapa yang sebegitu kuat untuk kembali kepada Tuhan. ✋
Tiada siapa yang sebegitu bagus untuk kembali kepada Tuhan. ✋

–Yohanes 14:6–Kata Yesus kepadanya: "Akulah jalan dan kebenaran dan hidup. Tidak ada seorangpun yang datang kepada Bapa, kalau tidak melalui Aku."

Membuat Pengikut
Apakah Langkah Pertama Dala Pelan Yesus?
Persiapkan Hati Anda 🖐
Pergi Dalam Pasangan 🖐
Pergi Ke Mana Yesus Sedang Bekerja 🖐
Berdoa Untuk Pemimpin Dari Hasil Tuaian 🖐
Pergi Dengan Rendah Diri 🖐
Bergantunglah kepada Tuhan, Bukannya Wang 🖐
Pergi Terus Ke Mana Dia Memanggil 🖐

–Lukas 10:2–Kata-Nya kepada mereka: "Tuaian memang banyak, tetapi pekerja sedikit. Karena itu mintalah kepada Tuan yang empunya tuaian, supaya Ia mengirimkan pekerja-pekerja untuk tuaian itu."

Apakah Langkah Kedua Dalam Pelan Yesus?

–Lukas 10:5-8–
⁵"Kalau kamu memasuki suatu rumah, katakanlah lebih dahulu: Damai sejahtera bagi rumah ini.'
⁶Dan jikalau di situ ada orang yang layak menerima damai sejahtera, maka salammu itu akan tinggal atasnya. Tetapi jika tidak, salammu itu kembali kepadamu.
⁷Tinggallah dalam rumah itu, makan dan minumlah apa yang diberikan orang kepadamu, sebab seorang pekerja patut mendapat upahnya. Janganlah berpindah-pindah rumah.

⁸"Dan jikalau kamu masuk ke dalam sebuah kota dan kamu diterima di situ, makanlah apa yang dihidangkan kepadamu.

2. Bina Persahabatan (5-8)

Cari Orang-Orang Keamanan (5, 6)

"Dalam ayat-ayat lima dan enam, Yesus menyuruh kita mencari orang keamanan. Orang-orang keamanan adalah mereka yang mencari Tuhan di tempat di mana anda akan pergi. Apabila anda berbual dengan mereka mengenai perkara-perkara kerohanian, mereka akan menunjukkan minat dan ingin mengetahuinya dengan lebih lanjut. Tuhan sudahpun bekerja dan menarik orang ini kepada-Nya. Mengongsikan testimoni kita seringkali merupakan cara yang baik untuk mencari orang keamanan."

- Tuliskan di dalam lajur kedua Pelan Yesus anda, nama-nama 'Orang Keamanan' yang anda ketahui di kawasan sasaran anda.

    ✋ Orang Keamanan
    Genggamkan tangan bersama-sama seolah-olah seperti rakan yang sedang bersalaman.

Makan dan Minum Apa Yang Mereka Berikan (7, 8)

"Mengapa anda berfikir Yesus mengatakan 'makan dan minum apa yang mereka berikan anda' dalam ayat 7? Dia mahu kita menjadi sensitif dengan budaya setempat semasa membina persahabatan. Cara yang terbaik untuk melakukan ini adalah

untuk memakan dan meminum apa yang hos anda berikan kepada anda dalam persahabatan.

Kadangkala, anda mungkin perlu untuk meminta keberkatan Tuhan apabila makanan yang luar biasa menggerunkan perut anda! Namun begitu, sekiranya anda bertanya, anda akan menerima. Ingatlah, orang akan merasa disayangi dan diterima apabila kita memakan apa yang mereka makan dan meminum apa yang mereka minum."

- Tuliskan di dalam lajur kedua Pelan Yesus anda, apa-apa budaya atau pilihan makanan kumpulan sasaran anda yang anda perlu sensitif terhadap.

   ✋ Makan dan Minum
   Pretend to eat and drink. Then rub stomach as if the food is good.

JANGAN BERPINDAH DARI RUMAH KE RUMAH (7)

"Di dalam ayat 7, Yesus berkata untuk kekal di rumah orang yang kita berhubung dengan di dalam kampung itu. Persahabatan mengambil masa untuk dibina dan setiap hubungan mengalami konflik dan masalah dari semasa ke semasa. Sekiranya kita berpindah pada tanda-tanda pertama bila terdapatnya masalah, ia bercanggah dengan mesej perdamaian yang kita bawakan."

   ✋ Jangan berpindah dari rumah ke rumah
   Buatkan garisan bentuk bumbung sebuah rumah menggunakan kedua-dua tangan. Pindahkan rumah tersebut ke beberapa tempat lain dan gelengkan kepala, "Tidak."

- Ajarkan prinsip langkah kedua dalam Pelan Yesus ini dengan mempersembahkan lakonan berikut:

∼ Bagaimana untuk Membuatkan Satu Perkampungan Marah ∼

"Pada pendapat anda, apakah yang akan difikirkan oleh orang-orang di sebuah kampung sekiranya kita pergi ke kampung mereka seperti ini?"

- Beritahu semua orang bahawa anda dan pasangan anda telah mengikuti Pelan Yesus setakat ini. Anda akan ke tempat berdakwah secara berpasangan. Anda telah berdoa, anda akan pergi dengan rendah hati dan anda tidak akan bergantung kepada wang. Tuhan sedang bekerja di kampung itu dan anda berdua telah pergi terus ke sana. Beritahu mereka untuk memerhatikan apa yang akan berlaku sekarang dan lihat bagaimana penduduk kampung bertindakbalas.
- Minta para pemimpin untuk membayangkan bahawa kumpulan latihan mereka adalah sebuah kampung. Kelompok-kelompok orang adalah rumah-rumah di kampung tersebut.
- Pergi ke rumah yang pertama, beri keberkatan, duduk dan luangkan masa dengan mereka. Tanyakan kepada mereka sekiranya anda boleh memakan sesuatu kerana anda berasa sangat lapar. Selepas tetamu anda membawa makanan kepada anda, makanlah dan kemudian buat muka yang masam. Kemudian, beritahu pasangan anda bahawa anda tidak boleh berada di sana lagi kerana makanannay adalah sangat teruk, dan anda merasakan yang anda akan mati. Ucapkan selamat tinggal sambil

menggosok perut anda seolah-olah anda mempunyai sakit perut.
- Pergi ke rumah kedua, beri keberkatan, duduk dengan mereka dan sekali lagi bersetuju untuk bermalam di situ. "Berpura-pura" untuk pergi tidur. Selepas beberapa ketika, pasangan anda memberitahu anda bahawa dia tidak boleh berada di sana lagi kerana terdapat seorang lelaki di dalam rumah tersebut yang berdengkur dengan begitu kuat. Pasangan anda tidak dapat tidur sepanjang malam. Ucapkan selamat tinggal sambil menggosok-gosok mata anda.
- Pergi ke rumah ketiga, beri keberkatan, duduk dengan mereka dan tinggal di sana untuk sementara waktu. Pada hari berikutnya, beritahu pasangan anda bahawa anda tidak boleh berada di sana lagi kerana mereka begitu banyak bergosip sehingga ia menyakitkan telinga anda. Ucapkan selamat tinggal dan tinggalkan rumah tersebut sambil menggosok-gosok telinga anda.
- Pergi ke rumah terakhir, beri keberkatan, duduk dengan mereka dan tinggal di sana untuk sementara waktu. Beritahu semua orang yang anda telah mendengar bahawa rumah ini mempunyai anak-anak perempuan yang cantik. Anda sedang cuba membantu rakan anda untuk mencari seorang isteri. Beritahu ahli-ahli rumah tersebut semua sifat-sifat menakjubkan pasangan anda. Terangkan kepada mereka bahawa anda pasti Tuhan mahu pasangan anda untuk berkahwin dengan salah seorang anak perempuan mereka yang cantik.

"Jika kita mencuba untuk mengongsikan gospel di kampung ini, apa yang akan penduduk kampung fikirkan? Mereka akan merasa yang kita tidak mempunyai maruah. Apa yang kita fikirkan adalah tentang apa yang mereka boleh berikan kepada kita. Mengikuti Pelan Yesus membantu kita untuk mengelakkan daripada melakukan banyak kesilapan."

- Tuliskan di dalam lajur kedua Pelan Yesus anda, bagaimana anda akan menyumbang kepada isi rumah di mana anda akan menetap. Apakah cara-cara yang spesifik di mana anda boleh menjadi satu kerahmatan untuk mereka?

Apakah Langkah Ketiga Dalam Pelan Yesus?

–LUKAS 10:9–
DAN SEMBUHKANLAH ORANG-ORANG YANG SAKIT YANG ADA DI SITU DAN KATAKANLAH KEPADA MEREKA: KERAJAAN TUHAN SUDAH DEKAT PADAMU.

3. KONGSIKAN BERITA BAIK

SEMBUHKAN YANG SAKIT (9)

"Dakwah Yesus termasuklah dakwah untuk kedua-dua keperluan fizikal dan rohani. Kita boleh membawa penyembuhan kepada sebuah kampung atau sekumpulan orang dalam pelbagai cara, seperti dengan melakukan pembangunan masyarakat, memperbaiki bekalan air, membawa bantuan perubatan atau pergigian, berdoa untuk mereka yang sakit dan kaunseling."

- Tuliskan di dalam lajur kedua Pelan Yesus anda, satu cara yang praktikal bagaimana anda boleh memenuhi keperluan fizikal sesuatu komuniti melalui dakwah atau misi anda.

  ✋ **Sembuhkan yang Sakit**
  Panjangkan lengan seolah-olah anda sedang meletakkan tangan pada seorang yang sakit untuk disembuhkan.

KONGSIKAN GOSPEL (9)

"Bahagian kedua dalam mengongsikan berita baik adalah mengongsikan gospel."

- Ulangkaji semula Gospel menggunakan Gelang Gospel.

"Berita baik hanyalah berita baik sekiranya orang ramai dapat memahaminya dari konteks mereka. Satu aspek yang penting di dalam menyampaikan gospel adalah memastikan bahawa ia dapat difahami oleh mereka yang mendengarnya."

> **Kongsikan Gospel**
> Cangkukkan tangan berdekatan dengan mulut seolah-olah anda sedang memegang satu megafon.

- Ajarkan prinsip dari langkah ketiga dalam Pelan Yesus ini dengan mempersembahkan lakonan berikut:

~ Burung Bersayap Dua ~

"Yesus mengatakan untuk menyembuhkan mereka yang sakit dan untuk berdakwah mengenai gospel. Ianya seperti dua sayap pada seekor burung. Ia memerlukan kedua-duanya untuk terbang!"

- Minta seorang sukarelawan. Terangkan bahawa sukarelawan tersebut merupakan mubaligh yang berbakat dan anda pula membuat kerja yang terbaik menyembuhkan mereka yang sakit.
- Minta sukarelawan tersebut untuk mengangkat kedua-dua lengannya seolah-olah dia mempunyai sayap. Terangkan bahawa lengan kanannya kuat dalam berdakwah, tetapi lengan kirinya adalah lemah

(mintanya untuk membuat lengan kirinya lebih kecil daripada lengan kanannya).
- Angkatkan kedua-dua lengan anda seolah-olah anda mempunyai sayap. Jelaskan bahawa lengan kiri anda adalah kuat dalam menyembuhkan mereka yang sakit, tetapi lengan kanan anda adalah lemah. Anda juga lemah dalam mengongsikan gospel. Minta sukarelawan tersebut untuk terbang dengan sayapnya yang kuat dan lemah. Anda juga berbuat yang sama. (Kedua-dua anda harus 'terbang' berpusing di dalam satu bulatan)

"Bagaimanakah hasilnya akan berbeza sekiranya kita memutuskan untuk bekerja bersama-sama?"

- Gandingkan lengan "lemah" anda (berdakwah) dengan lengan "lemah" sukarelawan anda (menyembuhkan yang sakit).

"Apabila kita meletakkan kekuatan kita bersama-sama dan bekerja sebelah menyebelah, kita boleh terbang."

- Anda dan sukarelawan anda mengibaskan lengan anda yang "kuat" bersama dan "terbang" mengelilingi bilik.

Apakah Langkat Keempat Dalam Pelan Yesus?

–LUKAS 10:10-11–
TETAPI JIKALAU KAMU MASUK KE DALAM SEBUAH KOTA DAN KAMU TIDAK DITERIMA DI SITU, PERGILAH KE JALAN-JALAN RAYA KOTA ITU DAN SERUKANLAH: 'JUGA DEBU KOTAMU YANG MELEKAT PADA KAKI KAMI, KAMI KEBASKAN DI DEPANMU; TETAPI KETAHUILAH INI: KERAJAAN TUHAN SUDAH DEKAT.'

4. Nilai Hasil yang Didapati dan Laraskannya

NILAI BAGAIMANA MEREKA MERESPON (10, 11)

"Kunci kepada kejayaan jangka masa panjang bagi mana-mana misi adalah keupayaan untuk menilai. Dalam langkah ini, Yesus memberitahu kita untuk menganalisis cara orang ramai bertindakbalas dan membuat penambahbaikan terhadap pelan kita.

Kadangkala orang tidak merespon kerana mereka tidak memahami mesej kita dan kita perlu menyampaikannya dengan lebih jelas. Selain daripada itu, orang mungkin tidak merespon kerana mereka mempunyai dosa dalam kehidupan mereka, jadi kita perlu mengongsikan keampunan Tuhan dengan mereka. Yang lain pula tidak menerima kita disebabkan oleh pengalaman negatif pada masa lalu mereka dan kita mengasihi mereka untuk kembali kepada keluarga Tuhan. Walau bagaimanapun, terdapat satu masa, apabila kita mesti menilai keterbukaan orang ramai yang bekerja dengan kita dan menyesuaikan pelan kita sewajarnya.

Satu langkah yang penting di dalam Pelan Yesus adalah membuat memutuskan sebelum kita bermula, bagaimana kita akan menilai hasil yang didapati."

- Tuliskan di dalam lajur kedua PelanYesus anda, bagaimanakah rupa "kejayaan" di dalam misi atau gereja ini? Bagaimanakah anda akan menilai respon yang anda terima?

    ✋ Nilai Hasil Anda
    Halakan tapak tangan keluar seolah-olah menggunakan skala pengimbangan. Gerakkan skala ke atas dan ke bawah dengan wajah yang mempersoalkan pada muka anda.

PERGI SEKIRANYA MEREKA TIDAK MERESPON (11)

"Prinsip yang terakhir di dalam Pelan Yesus adalah sukar bagi kebanyakan orang. Kita harus meninggalkan tempat di mana kita berdakwah sekiranya mereka tidak merespon kepada kita. Kerapkali, kita terus mempercayai bahawa sesuatu akan berubah. Kita terus berharap meskipun telah tiba masanya untuk meneruskan perjalanan."

"Sebahagian strategi daripada kerja-krja misi adalah untuk menentukan bila ia tiba masanya untuk meneruskan perjalanan. Sesetengan orang mahu meninggalkan tempat itu dengan terlalu cepat, yang lain pula dengan terlalu perlahan. Meninggalkan persahabatan yang telah dibina bukanlah sesuatu yang mudah, tetapi adalah penting untuk mengingati bahawa Yesus memerintahkan kita untuk bergerak pergi sekiranya orang ramai tidak merespon kepada kita.

Berapa lamakah masa yang anda perlu laburkan terhadap seseorang sebelum anda membuat keputusan bahawa mereka tidak akan merespon: satu hari, satu bulan atau satu tahun? Tetapan bagi setiap tempat berdakwah adalah berbeza. Realitinya adalah bahawa ramai orang yang tinggal terlalu lama di sesuatu tempat dan menyebabkan mereka terlepas akan rahmat Tuhan di tempat yang lain kerana mereka tidak mematuhi prinsip-prinsip di dalam Pelan Yesus."

- Tuliskan di dalam lajur kedua Pelan Yesus anda, berapa lamakah anda rasakan anda perlu untuk tinggal di sesuatu tempat untuk melaksanakan misi yang telah Tuhan berikan kepada anda. Sekiranya kumpulan orang ini tidak responsif kepada gospel, di manakah anda akan bermula selepas itu?

    ✋ **Pergi sekiranya tiada hasil didapati**
    Melambai selamat tinggal.

Ayat-ayat Memori

> –LUKAS 10:9–
> DAN SEMBUHKANLAH ORANG-ORANG SAKIT YANG ADA DI SITU DAN KATAKANLAH KEPADA MEREKA: "KERAJAAN TUHAN SUDAH DEKAT PADAMU."

- Semua orang berdiri dan melafazkan Ayat-ayat Memori sepuluh kali bersama-sama. Untuk enam kali pertama, mereka boleh menggunakan Alkitab atau nota pelajar mereka. Untuk empat kali terakhir, mereka perlu melafazkannya dari ingatan. Nyatakan rujukan ayat tersebut setiap kali sebelum memetik ayatnya dan duduk apabila telah selesai.
- Mengikuti rutin ini akan membantu jurulatih untuk mengetahui pasukan manakah yang telah menyiapkan pelajaran seksyen "Amalan".

LATIHAN

- Bahagikan para pemimpin ke dalam kumpulan empat orang. Minta mereka untuk menggunakan proses latihan dengan pelajaran kepimpinan tersebut.
- Bantu para pemimpin untuk melalui proses latihan langkah demi langkah, dengan memberikan mereka 7-8 minit untuk membincangkan setiap seksyen berikut.

KEMAJUAN

"Bahagian manakah dari langkah-langkah ini merupakan yang paling mudah untuk dipatuhi oleh kumpulan anda?"

MASALAH

"Bahagian manakah dari langkah-langkah ini merupakan yang paling sukar untuk dipatuhi oleh kumpulan anda?"

PELAN

"Apakah satu tugasan yang anda akan mulakan di dalam kumpulan anda dalam 30 hari yang akan datang untuk mematuhi langkah-langkah dari Pelan Yesus ini?"

- Para pemimpin harus merekodkan pelan masing-masing agar mereka boleh berdoa untuk pasangan mereka kemudian.

AMALAN

"Apakah satu tugasan yang anda akan pertingkatkan di dalam kumpulan anda dalam 30 hari yang akan datang untuk mematuhi langkah-langkah dari Pelan Yesus ini?"

- Setiap orang harus merekodkan amalan latihan pasangan masing-masing agar mereka boleh berdoa untuk mereka kemudian.
- Para pemimin berdiri dan melafazkan Ayat-ayat Memori sebanyak sepuluh kali bersama-sama selepas setiap orang telah mengongsikan kemahiran yang mereka mahu amalkan.

PRAYER

- Luangkan masa untuk berdoa bagi pelan masing-masing. Berdoalah agar Tuhan akan terus membantu kemajuan kumpulan-kumpulan tersebut dan memperkuatkan bahagian-bahagian mereka yang lemah.

Penutup

Pelan Yesus Saya

- Minta para pemimpin untuk pergi ke halaman "Pelan Yesus" di bahagian belakang buku panduan peserta mereka.

"Dengan menggunakan nota anda dari sesi ini, isikan lajur kedua dan ketiga untuk Pelan Yesus anda. Lajur-lajur ini menunjukkan siapakah orang-orang keamanan anda dan bagaimana anda akan berdakwah kepada mereka. Tuliskan butir-butir terperinci tentang bagaimana anda akan mengikuti prinsip-prinsip Yesus dari Lukas 10 untuk berdakwah."

9

Menambahkan Kumpulan

Gereja yang membangun dan menambah dengan sihat adalah hasil daripada bertambah teguh dengan Tuhan, mengongsikan gospel, membuat pengikut, memulakan kumpulan dan melatih pemimpin. Walau bagaimanapun, kebanyakan pemimpin tidak pernah memulakan gereja dan tidak tahu di mana untuk bermula. "Menambahkan Kumpulan" memperkenalkan tempat-tempat di mana kita perlu memfokus apabila kita memulakan kumpulan yang akan membawa kepada penubuhan gereja. Di dalam buku Kisah Para Rasul, Yesus memerintahkan kita untuk memulakan kumpulan empat kawasan yang berbeza. Beliau berkata untuk memulakan kumpulan di bandar dan di rantau di mana kita menetap. Kemudian, Dia berkata untuk memulakan perkumpulan baru di rantau jiran dan di mana terdapat kumpulan etnik yang berbeza dari kawasan tempat kita menetap. Akhirnya, Yesus memerintahkan kita untuk pergi ke tempat-tempat yang jauh dan menjangkau setiap kumpulan etnik di dunia. Jurulatih menggalakkan para pemimpin mengamalkan kebaikan hati Yesus untuk semua orang dan membuat rancangan untuk menjangkau Yerusalem, Judea, Samaria mereka dan ke hujung dunia. Para pemimpin menambahkan komitmen ini kepada "Pelan Yesus" mereka.

Buku Kisah Para Rasul juga menerangkan kerja-kerja yang dilakukan oleh empat jenis pemula kumpulan. Petrus, seorang pastor, membantu memulakan satu kumpulan di rumah Cornelius. Paul, seorang awam biasa, mengembara keseluruh Empayar Rom dan memulakan kumpulan. Priscilla & Aquila, pemilik perniagaan yang bekerja sendiri, memulakan kumpulan di mana sahaja perniagaan mereka membawa mereka. Orang-orang yang 'ditindak' di dalam Kisah 8, bertaburan dan memulakan kumpulan di mana sahaja mereka pergi. Dalam pelajaran ini, pemimpin-pemimpin mengenalpasti pemula kumpulan yang mungkin di dalam aliran pengaruh mereka dan menambahkan mereka ke "Pelan Yesus" mereka. Sesi berakhir dengan menangani andaian bahawa memulakan gereja memerlukan akaun bank yang besar. Kebanyakan gereja bermula di rumah dengan perbelanjaan yang lebih sedikit daripada sebuah AlKitab.

Puji-Pujian

- Nyanyikan dua lagu sembahan bersama-sama. Mohon seorang pemimpin untuk berdoa bagi sesi ini.

Kemajuan

- Minta seorang pemimpin yang lain untuk berkongsi testimoni ringkas (tiga minit) bagaimana Tuhan sedang memberkati kumpulannya. Selepas pemimpin tersebut mengongsikan testimoninya, mohon kumpulan tersebut berdoa untuknya.

- Sebagai alternatif, modelkan satu contoh latihan bersama seorang pemimpin menggunakan model latihan kepimpinan "Kemajuan, Masalah, Pelan, Amalan, Doa".

MASALAH

"Mengetuai kumpulan atau gereja yang sedia ada adalah tidak mudah. Idea untuk memulakan satu lagi kumpulan atau gereja kelihatan seolah-olah mustahil. Gereja-gereja menghadapi masalah tentang bagaimana untuk menggunakan wang, masa atau orang yang terhad. Walau bagaimanapun, Yesus mengetahui keperluan pengurusan kita dan masih mengarahkan kita untuk memulakan gereja-gereja baru.

Satu lagi masalah yang dihadapi apabila memulakan kumpulan atau gereja adalah hakikat bahawa kebanyakan penganut tidak pernah memulakan kumpulan atau gereja. Pastor, pemimpin, ahli perniagaan dan ahli-ahli gereja mempunyai gambaran di dalam fikiran mereka tentang apa yang diperlukan untuk menjadi sebuah gereja yang 'sebenar'. Ini paling kerap diterjemahkan sebagai memulakan gereja yang kelihatan betul-betul serupa seperti gereja induknya, namun ini kerap menjamin bahawa gereja baru tersebut akan gagal."

PELAN

"Adakah anda masih ingat apabila kita berbincang tentang bagaimana untuk bermula dari 5,000 orang dan menambahkannya kepada 40,000 orang penganut? Kunci kepada pertumbuhan tersebut adalah dengan setiap penganut memulakan satu kumpulan yang baru. Dalam pelajaran ini, kita akan mempelajari empat kawasan di mana kita perlu memulakan kumpulan. Kemudian, kita akan mengenalpasti

empat jenis orang yang telah memulakan kumpulan di dalam buku Kisah Para Rasul."

Ulasan

Selamat Datang
    Siapa yang Membina Gereja?
    Mengapakah Ia Penting?
    Bagaimanakah Yesus Membina Gereja-Nya?
        Teguh Bersama Tuhan ✋
        Berkongsi Gospel ✋
        Membuat Pengikut ✋
        Memulakan Kumpulan dan Gereja ✋
        Membangunkan Pemimpin ✋

–1 Korintus 11:1–Hendaklah kamu menurut teladanku, seperti aku pun menurut teladan Kristusus.(NAS)

Berlatih Seperti Yesus
    Bagaimanakah Yesus Melatih Pemimpin?
        Kemajuan ✋
        Masalah ✋
        Pelan ✋
        Amalan ✋
        Berdoa ✋

–Lukas 6:40–Seorang murid tiada lebih daripada gurunya; tetapi tiap-tiap murid yang sudah cukup pelajaran itu akan menjadi sama seperti gurunya. (HCSB)

Memimpin Seperti Yesus

Siapakah Yang Yesus Katakan Sebagai Pemimpin yang Terhebat? ✋

Apakah Tujuh Kualiti Seorang Pemimpin yang Hebat?
1. Pemimpin yang Hebat Menyukai Orang Ramai ✋
2. Pemimpin yang Hebat Mengetahui Misi Mereka ✋
3. Pemimpin yang Hebat Berkhidmat untuk Pengikut Mereka ✋
4. Pemimpin yang Hebat Memperbetulkan Kesilapan Dengan Kebaikan Hati ✋
5. Pemimpin yang Hebat Mengetahui Masalah-masalah Semasa di dalam Kumpulan Mereka ✋
6. Pemimpin yang Hebat Memberikan Contoh yang Baik untuk Diikuti ✋
7. Pemimpin yang Hebat Mengetahui Bahawa Mereka Diberkati ✋

> *–Yohanes 13:14-15–Jikalau Aku, Tuhan dan Guru, sudah membasuh kakimu, patutlah kamu juga membasuh kaki sama sendiri. Kerana Aku sudah memberi teladan kepada kamu, supaya kamu juga berbuat sama seperti Aku perbuat kepadamu.*

Berkembang Kukuh

Personaliti yang Manakah yang Tuhan telah Berikan Kepada Anda?

Askar ✋
Pencari ✋
Gembala ✋
Penyemai ✋
Anak Lelaki/Perempuan ✋
Santo ✋
Hamba ✋
Pelayan ✋

Jenis Personaliti yang Manakah yang Paling Dikasihi oleh Tuhan?

Jenis Personaliti yang Manakah yang akan Membuat Pemimpin yang Terbaik?

-Roma 12:4-5-Kerana sama seperti kita menaruh di dalam satu tubuh banyak anggota, tetapi semua anggota itu bukannya memegang serupa pekerjaan, demikianlah juga kita yang banyak ini menjadi satu tubuh di dalam Kristusus, tetapi masing-masing anggota beranggotakan yang lain.

Teguh Bersama

Mengapakah Terdapat Lapan Jenis Orang Di Dunia Ini?

Macam manakah perwatakan Yesus?

- Askar
- Pencari
- Gembala
- Penyemai
- Anak Lelaki/Perempuan
- Penyelamat/Santo
- Hamba
- Pelayan

Apakah Tiga Pilihan Kita Apabila Konflik Berlaku?

- Melarikan Diri
- Berlawan Di Antara Satu Sama Lain
- Cari Satu Cara Menggunakan Semangat Ketuhanan Untuk Bekerja Bersama

-Galatia 2:20-Aku telah disalibkan dengan Kristus. Adapun hidupku ini bukannya aku lagi, melainkan Kristus yang hidup di dalam aku. (NAS)

Kongsikan Gospel
    Bagaimanakah Saya Boleh Mengongsikan Gospel Dengan Mudah?
    Manik Emas
    Manik Biru
    Manik Hijau
    Manik Hitam
    Manik Putih
    Manik Merah
    Mengapakah Kita Memerlukan Bantuan Yesus?
        Tiada siapa yang sebegitu pintar untuk kembali kepada Tuhan.
        Tiada siapa yang sebegitu pemurah untuk kembali kepada Tuhan.
        Tiada siapa yang sebegitu kuat untuk kembali kepada Tuhan.
        Tiada siapa yang sebegitu bagus untuk kembali kepada Tuhan.

        -Yohanes 14:6-Kata Yesus kepadanya: "Akulah jalan dan kebenaran dan hidup. Tidak ada seorangpun yang datang kepada Bapa, kalau tidak melalui Aku."

Membuat Pengikut
    Apakah Langkah Pertama Dala Pelan Yesus?
        Persiapkan Hati Anda
        Pergi Dalam Pasangan
        Pergi Ke Mana Yesus Sedang Bekerja
        Berdoa Untuk Pemimpin Dari Hasil Tuaian
        Pergi Dengan Rendah Diri
        Bergantunglah kepada Tuhan, Bukannya Wang
        Pergi Terus Ke Mana Dia Memanggil

–Lukas 10:2–Kata-Nya kepada mereka: "Tuaian memang banyak, tetapi pekerja sedikit. Karena itu mintalah kepada Tuan yang empunya tuaian, supaya Ia mengirimkan pekerja-pekerja untuk tuaian itu."

Memulakan Kumpulan
Apakah Langkah Kedua dalam Pelan Yesus?
    Bina Persahabatan
        Cari orang-orang Keamanan
        Makan dan minum apa yang mereka berikan
        Jangan Berpindah dari Rumah ke Rumah
Apakah Langkah Ketiga Dalam Pelan Yesus?
    Kongsikan Berita Baik
        Sembuhkan yang Sakit
        Kongsikan gospel
Apakah Langkah Keempat Dalam Pelan Yesus?
    Nilai Hasil yang Didapati dan Laraskannya
        Nilai Bagaimana Mereka Merespon
        Pergi Sekiranya Mereka Tidak Merespon

–Lukas 10:9–Dan sembuhkanlah orang-orang sakit yang ada di situ dan katakanlah kepada mereka: "Kerajaan Tuhan sudah dekat padamu."

Di manakah empat tempat di mana Yesus telah mengarahkan penganutnya untuk memulakan kumpulan?

–Kisah Para Rasul 1:8–
Tetapi kamu akan menerima kuasa, kalau Roh Kudus turun ke atas kamu, dan kamu akan menjadi saksi-Ku di Yerusalem dan di seluruh Yudea dan Samaria dan sampai ke hujung bumi.

1. **Yerusalem**

   "Yesus memberitahu pengikut-Nya untuk memulakan kumpulan di bandar yang sama di mana mereka tinggal dan di kalangan kumpulan etnik yang sama. Apabila kita mengikuti contoh-Nya, kita akan memulakan kumpulan dan gereja baru di bandar-bandar di mana kita menetap."

   - Dalam lajur ketiga Pelan Yesus anda, tuliskan nama sebuah tempat di bandar di mana anda tinggal, yang memerlukan kumpulan atau gereja baru. Tuliskan satu penerangan ringkas tentang bagaimana ini akan berlaku.

2. **Yudea**

   "Kedua, Yesus memberitahu pengikut-Nya untuk memulakan kumpulan di rantau yang sama di mana mereka menetap. Yerusalem merupakan sebuah bandar, manakala Yudea adalah sebahagian luar bandar Israel. Penduduk yang tinggal di Yudea mrupakan kumpulan etnik yang sama seperti pengikut-Nya. Mengikuti arahan Yesus, kita akan memulakan kumpulan dan gereja-gereja baru di kawasan luar bandar di mana kita menetap."

   - Dalam lajur ketiga Pelan Yesus anda, tuliskan nama sebuah tempat di rantau di mana anda tinggal, yang memerlukan kumpulan atau gereja baru. Tuliskan satu penerangan ringkas tentang bagaimana ini akan berlaku.

3. **Samaria**

    "Ketiga, Yesus memerintahkan pengikut-Nya untuk memulakan kumpulan di bandar yang berbeza dengan kumpulan etnik yang berbeza. Orang-orang Yahudi memandang hina orang-orang yang tinggal di Samaria. Walaupun dengan prasangka mereka, Yesus menyuruh pengikut-Nya untuk mengongsikan berita baik dan memulakan kumpulan dan gereja-gereja di kalangan orang-orang Samaria. Kita mengikuti perintah Yesus apabila kita memulakan kumpulan atau gereja-gereja di bandar-bandar berhampiran dengan kita, di kalangan kumpulan etnik yang berbeza."

    - Dalam lajur ketiga Pelan Yesus anda, tuliskan nama sebuah tempat di bandar yang lain dengan kumpulan etnik yang berbeza, yang memerlukan kumpulan atau gereja baru. Tuliskan satu penerangan ringkas tentang bagaimana ini akan berlaku.

4. **Sebesarnya**

    "Akhir sekali, Yesus mentauliahkan pengikut-Nya untuk memulakan kumpulan di seluruh dunia dan di kalangan semua kumpulan etnik yang berbeza di muka bumi ini. Mematuhi arahan ini lazimnya memerlukan pembelajaran suatu bahasa dan budaya yang baru. Kita mematuhi arahan ini apabila kita menghantar mubaligh dari gereja-gereja kita untuk memulakan kumpulan dan gereja-gereja baru di tempat-tempat asing."

    - Dalam lajur ketiga Pelan Yesus anda, tuliskan nama sebuah tempat di rantau yang lain dengan kumpulan etnik yang berbeza, yang memerlukan kumpulan atau gereja baru. Tuliskan satu penerangan ringkas tentang bagaimana ini akan berlaku.

Apakah empat cara untuk memulakan sebuah kumpulan atau gereja?

1. **Petrus**

   −Kisah Para Rasul 10:9−
   Keesokan harinya ketika ketiga orang itu berada dalam perjalanan dan sudah dekat kota Yope, kira-kira pukul dua belas tengah hari, naiklah Petrus ke atas rumah untuk berdoa. (NLT)

   "Petrus menjadi paderi sebuah gereja di Yerusalem. Cornelius telah memintanya untuk datang ke Joppa untuk mengongsikan berita baik Yesus Kristus. Apabila Petrus berkongsii dengan isi rumah Cornelius, semua orang menerima Kristus, kembali kepada keluarga Tuhan, dan sebuah kumpulan baru telah dimulakan.

   Satu cara untuk memulakan kumpulan atau gereja baru adalah dengan seorang paderi gereja yang sedia ada untuk pergi untuk satu perjalanan misi jangka pendek dan membantu memulakan satu kumpulan atau gereja baru. Tugasan penubuhan gereja yang sebeginai biasanya memerlukan 1-3 minggu."

   - Dalam lajur keempat Pelan Yesus anda, tuliskan nama seorang paderi yang anda kenali, yang mungkin boleh membantu dalam memulakan satu kumpulan atau gereja baru. Tuliskan satu penerangan ringkas tentang bagaimana ini akan berlaku.

2. **Paulus**

   –Kisah Para Rasul 13:2–
   Pada suatu hari ketika mereka beribadah kepada Tuhan dan berpuasa, berkatalah Roh Kudus: "Khususkanlah Barnabas dan Saulus bagi-Ku untuk tugas yang telah Kutentukan bagi mereka" (NAS)

   "Paulus dan Barnabas merupakan pemimpin gereja di Antioch. Tuhan berfirman kepada mereka sewaktu mereka sedang beribadat dan mentauliahkan mereka untuk pergi ke kawasan-kawasan yang belum pernah dipergi dan mengongsikan gospel. Mereka mematuhi-Nya dan memulakan kumpulan dan gereja di seluruh Empayar Rom.

   Cara kedua untuk memulakan kumpulan atau gereja adalah untuk menghantar pemimpin keluar ke bandar-bandar dan wilayah yang lain untuk mengongsikan gospel. Mubaligh ini akan mengumpulkan penganut-penganut yang baru dan memulakan kumpulan atau gereja yang baru. Tugasan misi sebegini biasanya memerlukan 1-3 bulan."

   - Dalam lajur keempat Pelan Yesus anda, tuliskan nama pemimpin-pemimpin gereja yang anda kenali, yang mungkin boleh membantu dalam memulakan satu kumpulan atau gereja baru. Tuliskan satu penerangan ringkas tentang bagaimana ini akan berlaku.

3. **Priscilla & Aquila**

   –I Korintus 16:19–
   Salam kepadamu dari Jemaat-jemaat di Asia Kecil. Akwila, Priskila dan Jemaat di rumah mereka menyampaikan berlimpah-limpah salam kepadamu.

"Priscilla dan Aquila merupakan ahli perniagaan di dalam gereja. Mereka telah memulakan kumpulan atau gereja di mana sahaja mereka tinggal dan bekerja. Apabila perniagaan mereka berpindah, mereka memulakan satu kumpulan atau gereja baru di lokasi baru mereka.

Cara ketiga untuk memulakan kumpulan atau gereja baru adalah bagi ahli-ahli perniagaan Kristian untuk memulakan kumpulan yang seterusnya menjadi gereja di kalangan pelanggan-pelanggan mereka. Sekiranya seorang ahli perniagaan Kristian berpindah ke kawasan di mana tiada gereja yang wujud, mereka pun memulakan satu kumpulan. Tugasan misi sebegini biasanya memerlukan 1-3 tahun."

- Dalam lajur keempat Pelan Yesus anda, tuliskan nama ahli-ahli perniagaan yang anda kenali, yang mungkin boleh membantu memulakan satu kumpulan atau gereja baru. Tuliskan satu penerangan ringkas tentang bagaimana ini akan berlaku.

4. **Yang Ditindas**

   –Kisah Para Rasul 8:1–
   Saulus juga setuju, bahwa Stefanus mati dibunuh. (8-1b) Pada waktu itu mulailah penganiayaan yang hebat terhadap jemaat di Yerusalem. Mereka semua, kecuali rasul-rasul, tersebar ke seluruh daerah Yudea dan Samaria. (NLT)

"Kumpulan terakhir orang-orang yang telah memulakan kumpulan dan gereja di dalam buku Kisah, merupakan penganut-panganut yang telah dianiaya. Ramai penganut yang telah lari ke Yerusalem apabila Saulus mula menganiaya para Jemaat dengan ganas. Mereka telah memulakan kumpulan dan *gereja di seluruh Judaea dan Samaria. Kita tahu bahawa ini adalah benar, kerana para rasul kemudian melawat gereja-gereja yang sudah ditubuhkan di kawasan-kawasan tersebut.*

Cara terakhir untuk memulakan kumpulan dan gereja baru adalah dengan penganut-penganut yang dianiaya yang mesti berpindah ke banda-bandar yang baru. Sekiranya tiada kumpulan atau gereja yang wujud, penganut yang baru tiba akan memulakannya. Menubuhkan satu kumpulan atau gereja tidak memerlukan ijazah seminari, hanya cinta terhadap Yesus, dan hati yang mahu mematuhi perintah-Nya."

- Dalam lajur keempat Pelan Yesus anda, tuliskan nama-nama mereka yang telah berpindah ke tempat lain, yang anda kenali, yang mungkin boleh membantu dalam memulakan satu kumpulan atau gereja baru. Tuliskan satu penerangan ringkas tentang bagaimana ini akan berlaku.

Ayat-ayat Memori

–Kisah Para Rasul 1:8–
Tetapi kamu akan menerima kuasa, kalau Roh Kudus turun ke atas kamu, dan kamu akan menjadi saksi-Ku di Yerusalem dan di seluruh Yudea dan Samaria dan sampai ke hujung bumi.

- Semua orang berdiri dan melafazkan Ayat-ayat Memori sepuluh kali bersama-sama. Untuk enam kali pertama, mereka boleh menggunakan Alkitab atau nota pelajar mereka. Untuk empat kali terakhir, mereka perlu melafazkannya dari ingatan. Nyatakan rujukan ayat tersebut setiap kali sebelum memetik ayatnya dan duduk apabila telah selesai.

- Mengikuti rutin ini akan membantu jurulatih untuk mengetahui pasukan manakah yang telah menyiapkan pelajaran seksyen "Amalan".

LATIHAN

- Bahagikan para pemimpin ke dalam kumpulan empat orang. Minta mereka untuk menggunakan proses latihan dengan pelajaran kepimpinan tersebut.
- Bantu para pemimpin untuk melalui proses latihan langkah demi langkah, dengan memberikan mereka 7-8 minit untuk membincangkan setiap seksyen berikut.

KEMAJUAN

"Kongsikan kemajuan yang anda telah capai dalam memulakan kumpulan atau gereja di empat tempat yang berlainan dengan empat jenis yang pemula kumpulan yang berlainan."

MASALAH

"Kongsikan masalah yang anda hadapi dalam memulakan kumpulan atau gereja di empat tempat yang berlainan dengan empat jenis yang pemula kumpulan yang berlainan."

PELAN

"Kongsikan dua tugasan yang anda akan pimpin kumpulan anda untuk dilakukan dalam 30 hari yang akan datang, yang

akan membantu mereka untuk memulakan kumpulan atau gereja yang baru."

- Setiap orang harus merekodkan pelan masing-masing agar mereka boleh berdoa untuk pasangan mereka kemudian.

AMALAN

"Kongsikan satu tugasan yang anda akan lakukan dalam 30 hari yang akan datang untuk membantu anda memperbaiki diri anda sebagai pemimpin di kawasan ini."

- Setiap orang harus merekodkan amalan latihan pasangan masing-masing agar mereka boleh berdoa untuk mereka kemudian.
- Para pemimin berdiri dan melafazkan Ayat-ayat Memori sebanyak sepuluh kali bersama-sama selepas setiap orang telah mengongsikan kemahiran yang mereka mahu amalkan.

DOA

- Luangkan masa untuk berdoa bagi pelan dan kemahiran yang masing-masing ingin amalkan dalam 30 hari yang akan datang untuk memperbaiki diri sebagai seorang pemimpin.

Penutup

Berapakah kos yang diperlukan untuk memulakan satu gereja yang baru?

"Apakah yang anda perlukan untuk memulakan sebuah gereja yang baru? Mari kita membuat satu senarai."

- Tuliskan senarai di atas papan putih sedang para pelajar menjawab soalan tersebut. Benarkan mereka untuk berbincang dan berbahas. Sebagai contoh, jika seseorang berkata "bangunan," tanya pelajar yang lain jika bangunan adalah perlu untuk memulakan sebuah gereja.

"Kini anda telah mempunyai satu senarai untuk perkara-perkara yang diperlukan untuk memulakan satu gereja, mari kita letakkan tanda harga pada setiap perkara tersebut."

- Ikuti senarai tersebut dan minta para pelajar untuk menganggarkan kos bagi setiap perkara. Galakkan para pelajar untuk berbincang dan bersetuju dengan satu harga untuk setiap perkara. Lazimnya, kumpulan tersebut akan bahawa tiada apa-apa kos yang diperlukan untuk memulakan sebuah gereja baru, atau paling banyak pun, wang untuk membeli sebuah Alkitab.

"Tujuan latihan ini adalah untuk menangani kesilapan yang biasa dibuat oleh orang ramai apabila merancang untuk memulakan gereja baru. Mereka menganggap bahawa ia memerlukan wang yang banyak untuk memulakan sebuah gereja. Walau bagaimanapun, kebanyakan gereja bermula di rumah dan tidak memerlukan kos yang tinggi. Malah, gereja-gereja besar mega pada hari ini pun biasanya hanya bermula dari rumah. Iman, harapan, dan cinta adalah ciri-ciri utama

untuk memulakan sebuah gereja, dan bukannya akaun bank yang besar."

Pelan Yesus Saya

- Minta para pemimpin untuk pergi ke halaman "Pelan Yesus" di bahagian belakang buku panduan peserta mereka.

  "Kita akan membentangkan Pelan Yesus masing-masing dalam sesi yang seterusnya. Luangkan beberapa minit untuk melengkapkan Pelan Yesus anda dan fikirkan bagaimana anda akan membentangkannya kepada kumpulan ini. Apabila anda telah siap, luangkan sedikit masa dengan berdoa dan meminta Tuhan untuk memberkati sesi kita yang seterusnya."

SATU LAGI SOALAN YANG LAZIM

Bagaimanakah anda bekerja dengan orang-orang yang buta huruf dalam sesi latihan?

Ikuti Latihan Yesus menggunakan beberapa alat bantu mengajar yang membantu orang yang celik dan buta hruuf untuk mengingati apa yang mereka telah pelajari. Dari pengalaman kami, kedua-dua kumpulan menyukai dan mendapat manfaat yang serupa daripada latihan tersebut. Kami akan lebih menonjolkan pergerakan tangan apabila melatih mereka-mereka yang buta hruuf. Dalam sesetengah budaya Asia, terdapat wanita yang tidak menerima pendidikan melepasi tahap darjah tiga. Selepas melatih satu kumpulan wanita tersebut, mereka mendekati kami dengan linangan air mata. "Terima kasih," kata mereka, "kerana pergerakan tangan tersebut membantu kami belajar, dan kini kami boleh mengikuti Yesus."

Walaupun di dalam suasana buta huruf, biasanya salah seorang boleh membaca untuk kumpulan tersebut. Biasanya, kami akan meminta orang ini untuk membacakan petikan-petikan Alkitab untuk seluruh kumpulan. Kadangkala kami meminta pembaca tersebut untuk mengulangi petikan-petikan tersebut sebanyak 2 atau 3 kali untuk memastikan bahawa kumpulan itu memahaminya. Sekiranya kami mengetahui sebelum masanya bahawa kumpulan tersebut adalah kebanyakannya buta huruf, kami akan mengaturkan untuk menghasilkan rakaman video atau audio untuk setiap sesi.

Televisyen dan radio banyak mempengaruhi orang-orang yang buta huruf, walaupun di kampung-kampung yang jauh. Jangan membuat kesilapan dengan berfikir bahawa anda perlu untuk mengajarkan pelajaran tersebut dengan berulang kali untuk pelajar-pelajar yang buta huruf. Jika pelajar tersebut tidak memahami pelajarannya pada kali pertama, berikan mereka latihan tambahan, dan kemudian tinggalkan rakaman atau video untuk mereka kaji semula apabila anda tidak berada di sana. Kebanyakan tempat mempunyai sekurang-kurangnya sebuah pemain DVD atau VCD awam yang boleh didapati. Pemain MP3 juga mudah didapati dan boleh berfungsi dengan menggunakan bateri.

Tuhan akan terus memberkati para pelajar tersebut selepas anda telah meninggalkan mereka melalui rakaman video dan audio. Sekiranya anda telah menghasilkan rakaman video atau audio anda sendiri, sila hantarkan salinannya kepada *lanfam@FollowJesusTraining.com*.

10

Ikuti Yesus

Para pemimpin telah mempelajari di dalam *Melatih Pemimpin Radikal*, siapakah yang membina gereja dan mengapa ianya penting. Mereka telah menguasai lima bahagian daripada strategi Yesus untuk menjangkau dunia dan melatih satu sama lain. Mereka memahami tujuh kualiti pemimpin yang hebat, telah membina "pokok latihan" mereka untuk masa hadapan, dan tahu bagaimana untuk bekerja dengan personaliti yang berbeza. Setiap pemimpin mempunyai pelan berdasarkan Pelan Yesus dalam Lukas 10. "Ikuti Yesus" membincangkan satu bahagian kepimpinan yang terakhir: motivasi.

Dua ribu tahun yang lalu, orang mengikuti Yesus kerana pelbagai sebab. Sesetengahnya, seperti James dan Yohanes, mempercayai bahawa mengikuti Yesus akan membawa mereka kemasyhuran. Yang lain pula, seperti orang Farisi, mengikuti-Nya untuk mengkritik dan menunjuk-nunjukkan kehebatan mereka. Yang lain lagi, seperti Yudas, mengikuti Yesus untuk wang. Sekumpulan 5000 pengikut mahu mengikuti Yesus kerana Dia menyediakan makanan yang mereka perlukan. Sekumpulan yang lain mengikuti Yesus kerana mereka memerlukan penyembuhan, dan hanya seorang sahaja yang kembali untuk mengucapkan terima kasih. Malangnya, ramai orang lain juga mengikuti Yesus demi kepentingan mereka sendiri dan untuk apa yang Dia boleh berikan kepada mereka. Keadaan masa kini juga tidak berbeza. Sebagai pemimpin, kita harus melihat diri kita sendiri dan bertanya, "Mengapa saya mengikuti Yesus?"

Yesus memuji orang-orang yang mengikuti-Nya dari hati yang penuh kasih sayang. Hadiah mewah berupa minyak wangi dari seorang wanita yang tidak dipedulikan membawa bersamanya janji peringatan di mana-mana gospel telah dikongsikan. Hama seorang balu menyentuh hati Yesus lebih daripada semua emas di sebuah kuil. Yesus juga telah kecewa apabila seorang lelaki muda yang mempunyai harapan yang cerah enggan untuk mengasihi Tuhan dengan sepenuh hatinya dan sebaliknya memilih harta benda yang mewah. Yesus hanya menanyakan Petrus satu soalan untuk memulihkannya selepas pengkhianatannya, "Simon, adakah anda mengasihi saya?" Pemimpin yang bersifat kerohanian sukakan rakyatnya dan mengasihi Tuhan.

Sesi ini akan diakhiri dengan setiap pemimpin mengongsikan "Pelan Yesus" mereka. Para pemimpin berdoa untuk satu sama lain, memberikan komitmen untuk bekerja bersama-sama dan melatih pemimpin-pemimpin yang baru demi kasih sayang dan kemuliaan Tuhan.

Puji-Pujian

- Nyanyikan dua lagu sembahan bersama-sama. Mohon seorang pemimpin untuk berdoa bagi sesi ini.

KEMAJUAN

Selamat Datang
    Siapa yang Membina Gereja?
    Mengapakah Ia Penting?
    Bagaimanakah Yesus Membina Gereja-Nya?
        Teguh Bersama Tuhan
        Berkongsi Gospel
        Membuat Pengikut
        Memulakan Kumpulan dan Gereja
        Membangunkan Pemimpin

> –1 Korintus 11:1–Hendaklah kamu menurut teladanku, seperti aku pun menurut teladan Kristusus.(NAS)

Berlatih Seperti Yesus
    Bagaimanakah Yesus Melatih Pemimpin?
        Kemajuan
        Masalah
        Pelan
        Amalan
        Berdoa

> –Lukas 6:40–Seorang murid tiada lebih daripada gurunya; tetapi tiap-tiap murid yang sudah cukup pelajaran itu akan menjadi sama seperti gurunya. (HCSB)

Memimpin Seperti Yesus
    Siapakah Yang Yesus Katakan Sebagai Pemimpin yang Terhebat?
    Apakah Tujuh Kualiti Seorang Pemimpin yang Hebat?
        1. Pemimpin yang Hebat Menyukai Orang Ramai
        2. Pemimpin yang Hebat Mengetahui Misi Mereka

3. Pemimpin yang Hebat Berkhidmat untuk Pengikut Mereka 🖐
4. Pemimpin yang Hebat Memperbetulkan Kesilapan Dengan Kebaikan Hati 🖐
5. Pemimpin yang Hebat Mengetahui Masalah-masalah Semasa di dalam Kumpulan Mereka 🖐
6. Pemimpin yang Hebat Memberikan Contoh yang Baik untuk Diikuti 🖐
7. Pemimpin yang Hebat Mengetahui Bahawa Mereka Diberkati 🖐

–Yohanes 13:14-15–Jikalau Aku, Tuhan dan Guru, sudah membasuh kakimu, patutlah kamu juga membasuh kaki sama sendiri. Kerana Aku sudah memberi teladan kepada kamu, supaya kamu juga berbuat sama seperti Aku perbuat kepadamu.

Berkembang Kukuh

Personaliti yang Manakah yang Tuhan telah Berikan Kepada Anda?

Askar 🖐
Pencari 🖐
Gembala 🖐
Penyemai 🖐
Anak Lelaki/Perempuan 🖐
Santo 🖐
Hamba 🖐
Pelayan 🖐

Jenis Personaliti yang Manakah yang Paling Dikasihi oleh Tuhan?

Jenis Personaliti yang Manakah yang akan Membuat Pemimpin yang Terbaik?

–Roma 12:4-5–Kerana sama seperti kita menaruh di dalam satu tubuh banyak anggota, tetapi semua anggota itu bukannya memegang serupa pekerjaan, demikianlah juga kita yang banyak ini menjadi satu tubuh di dalam Kristusus, tetapi masing-masing anggota beranggotakan yang lain.

Teguh Bersama
Mengapakah Terdapat Lapan Jenis Orang Di Dunia Ini?
Macam manakah perwatakan Yesus?
- Askar
- Pencari
- Gembala
- Penyemai
- Anak Lelaki/Perempuan
- Penyelamat/Santo
- Hamba
- Pelayan

Apakah Tiga Pilihan Kita Apabila Konflik Berlaku?
- Melarikan Diri
- Berlawan Di Antara Satu Sama Lain
- Cari Satu Cara Menggunakan Semangat Ketuhanan Untuk Bekerja Bersama

–Galatia 2:20–Aku telah disalibkan dengan Kristus. Adapun hidupku ini bukannya aku lagi, melainkan Kristus yang hidup di dalam aku. (NAS)

Kongsikan Gospel
Bagaimanakah Saya Boleh Mengongsikan Gospel Dengan Mudah?
- Manik Emas
- Manik Biru
- Manik Hijau
- Manik Hitam
- Manik Putih
- Manik Merah

Mengapakah Kita Memerlukan Bantuan Yesus?
   Tiada siapa yang sebegitu pintar untuk kembali kepada Tuhan.
   Tiada siapa yang sebegitu pemurah untuk kembali kepada Tuhan.
   Tiada siapa yang sebegitu kuat untuk kembali kepada Tuhan.
   Tiada siapa yang sebegitu bagus untuk kembali kepada Tuhan.

   –Yohanes 14:6–Kata Yesus kepadanya: "Akulah jalan dan kebenaran dan hidup. Tidak ada seorangpun yang datang kepada Bapa, kalau tidak melalui Aku."

Membuat Pengikut
   Apakah Langkah Pertama Dala Pelan Yesus?
      Persiapkan Hati Anda
      Pergi Dalam Pasangan
      Pergi Ke Mana Yesus Sedang Bekerja
      Berdoa Untuk Pemimpin Dari Hasil Tuaian
      Pergi Dengan Rendah Diri
      Bergantunglah kepada Tuhan, Bukannya Wang
      Pergi Terus Ke Mana Dia Memanggil

   –Lukas 10:2–Kata-Nya kepada mereka: "Tuaian memang banyak, tetapi pekerja sedikit. Karena itu mintalah kepada Tuan yang empunya tuaian, supaya Ia mengirimkan pekerja-pekerja untuk tuaian itu."

Memulakan Kumpulan
    Apakah Langkah Kedua dalam Pelan Yesus?
        Bina Persahabatan ✋
            Cari orang-orang Keamanan
            Makan dan minum apa yang mereka berikan
            Jangan Berpindah dari Rumah ke Rumah
    Apakah Langkah Ketiga Dalam Pelan Yesus?
        Kongsikan Berita Baik ✋
            Sembuhkan yang Sakit
            Kongsikan gospel
    Apakah Langkah Keempat Dalam Pelan Yesus?
        Nilai Hasil yang Didapati dan Laraskannya ✋
            Nilai Bagaimana Mereka Merespon
            Pergi Sekiranya Mereka Tidak Merespon

> –Lukas 10:9–Dan sembuhkanlah orang-orang sakit yang ada di situ dan katakanlah kepada mereka: "Kerajaan Tuhan sudah dekat padamu."

Menambahkan Kumpulan
    Di manakah empat tempat di mana Yesus telah mengarahkan penganutnya untuk memulakan kumpulan?
        Yerusalem
        Yudea
        Samaria
        Sebesarnya
    Apakah empat cara untuk memulakan gereja?
        Petrus
        Paulus
        Priscilla & Aquila
        Yang Ditindas
    Berapakah Kos yang Diperlukan untuk Memulakan Sebuah Gereja yang Baru?

> *-Kisah Para Rasul 1:8-Tetapi kamu akan menerima kuasa, kalau Roh Kudus turun ke atas kamu, dan kamu akan menjadi saksi-Ku di Yerusalem dan di seluruh Yudea dan Samaria dan sampai ke hujung bumi.*

PELAN

Mengapakah Anda Mengikuti Yesus?

> *"Apabila Yesus berjalan di muka bumi ini dua ribu tahun yang lalu, orang mengikuti-Nya untuk sebab-sebab yang berbeza.*
>
> *Orang-orang seperti James dan Yohanes, mempercayai bahawa mengikuti Yesus akan membawa mereka kemasyhuran."*
>
> –MARKUS 10:35-37–
> LALU YAKOBUS DAN YOHANES, ANAK-ANAK ZEBEDEUS, MENDEKATI YESUS DAN BERKATA KEPADA-NYA: "GURU, KAMI HARAP SUPAYA ENGKAU KIRANYA MENGABULKAN SUATU PERMINTAAN KAMI!" JAWAB-NYA KEPADA MEREKA: "APA YANG KAMU KEHENDAKI AKU PERBUAT BAGIMU?" LALU KATA MEREKA: "PERKENANKANLAH KAMI DUDUK DALAM KEMULIAAN-MU KELAK, YANG SEORANG LAGI DI SEBELAH KANAN-MU DAN YANG SEORANG DI SEBELAH KIRI-MU." (NAS)
>
> *"Orang-orang Farisi pula mengikuti Yesus untuk menunjukkan betapa pintarnya mereka."*
>
> –LUKAS 11:53-54–
> DAN SETELAH YESUS BERANGKAT DARI TEMPAT ITU, AHLI-AHLI TAURAT DAN ORANG-ORANG FARISI TERUS-

menerus mengintai dan membanjiri-Nya dengan rupa-rupa soal. Untuk itu mereka berusaha memancing-Nya, supaya mereka dapat menangkap-Nya berdasarkan sesuatu yang diucapkan-Nya. (NLT)

"Orang seperti Yudas mengikuti Yesus untuk wang."

–Yohanes 12:4-6–
Tetapi Yudas Iskariot, seorang dari murid-murid Yesus, yang akan segera menyerahkan Dia, berkata: "Mengapa minyak wangi ini tidak dijual untuk tiga ratus dinar dan wangnya diberikan kepada orang-orang miskin? Ianya sama nilai dengan gaji setahun." Hal itu dikatakannya bukan kerana ia memperhatikan nasib orang-orang miskin, tetapi kerana dia adalah seorang pencuri; dia sering mengambil wang yang disimpan dalam kas yang dipegangnya.

"Orang-orang seperti sekumpulan lime ribu orang mengikuti Yesus untuk mendapatkan makanan."

–Yohanes 6:11-15–
Lalu Yesus mengambil roti itu, mengucap syukur dan membahagi-bahagikannya kepada mereka yang duduk di situ, demikian juga dibuat-Nya dengan ikan-ikan itu, sebanyak yang mereka kehendaki. Dan setelah mereka kenyang Ia berkata kepada murid-murid-Nya: "Kumpulkanlah potongan-potongan yang lebih supaya tidak ada yang terbuang." Maka merekapun mengumpulkannya, dan mengisi dua belas bakul penuh dengan potongan-potongan dari kelima roti jelai yang lebih setelah orang makan. Ketika orang-orang

itu melihat mukjizat yang telah diadakan-Nya, mereka berkata: "Dia ini adalah benar-benar nabi yang akan datang ke dalam dunia." Kerana Yesus tahu, bahwa mereka hendak datang dan hendak membawa Dia dengan paksa untuk menjadikan Dia raja, Dia melarikan diri pula ke gunung, seorang diri.

"Orang-orang seperti sepuluh penghidap penyakit kusta mengikuti Yesus untuk penyembuhan."

–Lukas 17:12-14–
Ketika Dia memasuki suatu kampung datanglah sepuluh orang kusta menemui-Nya. Mereka berdiri agak jauh dan menjerit: "Yesus, Guru, kasihanilah kami!" Lalu Dia memandang mereka dan berkata: "Pergilah, perlihatkanlah dirimu kepada paderi-paderi." Dan sementara mereka dalam perjalanan ke sana, mereka telah sembuh. (CEV)

"Seperti yang anda boleh lihat, ramai orang yang mengikuti Yesus atas dasar hati mereka yang mementingkan diri sendiri. Mereka sedikitpun tidak mengambil berat tentang Yesus dan hanya mahukan apa yang Dia boleh berikan kepada mereka. Keadaan pada hari ini juga tidak berbeza."

Sebagai pemimpin, kita perlu melihat diri kita sendiri dan bertanya, 'Mengapa saya mengikuti Yesus?'

Adakah anda mengikuti Yesus supaya anda boleh menjadi terkenal?

Adakah anda mengikuti Yesus supaya anda boleh menunjukkan kepada orang betapa pintarnya anda?

Adakah anda mengikuti Yesus untuk wang?

Adakah anda mengikuti-Nya untuk menyediakan makanan untuk keluarga anda?

Adakah anda mengikuti Yesus dengan harapan bahawa dia akan menyembuhkan anda?

Orang mengikuti Yesus untuk banyak sebab. Walau bagaimanapun, Tuhan hanya merahmati satu motivasi. Yesus mahukan orang yang mengikuti-Nya dari hati yang penuh kasih sayang.

Adakah anda masih ingat akan wanita terbuang yang berdosa, yang menuangkan minyak wangi yang mahal ke atas Yesus?

–MATIUS 26:13–
"Aku berkata kepadamu: Sesungguhnya di mana saja Injil ini diberitakan di seluruh dunia, apa yang dilakukannya ini akan disebut juga untuk mengingat dia." (NAS)

"*Adakah anda masih ingat akan balu yang miskin itu? Pemberiannya menyentuh hati Yesus lebih daripada semua kekayaan di dalam kuil tersebut.*"

–LUKAS 21:3–
Lalu Ia berkata: "Aku berkata kepadamu, sesungguhnya janda miskin ini memberi lebih banyak dari pada semua orang itu." (NLT)

"*Adakah anda masih ingat akan satu soalan yang ditanya oleh Yesus kepada Petrus setelah dia mengkhianati-Nya?*"

–YOHANES 21:17–
KATA YESUS KEPADANYA UNTUK KETIGA KALINYA: "SIMON, ANAK YOHANES, APAKAH ENGKAU MENGASIHI AKU?" MAKA SEDIH HATI PETRUS KARENA YESUS BERKATA UNTUK KETIGA KALINYA: "APAKAH ENGKAU MENGASIHI AKU?" DAN IA BERKATA KEPADA-NYA: "TUHAN, ENGKAU TAHU SEGALA SESUATU, ENGKAU TAHU, BAHWA AKU MENGASIHI ENGKAU." KATA YESUS KEPADANYA: "GEMBALAKANLAH DOMBA-DOMBA-KU."

"Yesus mempersoalkan Petrus tentang cinta di hatinya kerana ia adalah isu yang kritikal bagi Yesus. Adakah kita mngikuti-Nya kerana kita mengasihi-Nya?

Kita mengikuti Yesus dari hati yang penuh kasih sayang kerana Dia juga mengasihi kita terdahulu. Kita menjadi kukuh bersama Tuhan kerana kita mengasihi Yesus. Kita mengongsikan gospel kerana kita mengasihi Yesus. Kita membuat pengikut kerana kita mengasihi Yesus. Kita memulakan kumpulan yang seterusnya menjadi gereja kerana kita mengasihi Yesus. Kita melatih pemimpin rohani kerana kita mengasihi Yesus. Cuma kepercayaan, harapan dan cinta yang akan kekal apabila bumi ini meninggalkan kita. Yang paling besar di antara ini, adalah cinta."

PEMBENTANGAN PELAN YESUS

- Bahagikan pelajar kepada kumpulan dengan kira-kira lapan orang setiap satu. Terangkan program pembentangan berikut kepada para pemimpin.
- Para pemimpin membentuk satu bulatan dan mengambil giliran menyampaikan "Pelan Yesus" mereka kepada kumpulan mereka. Selepas pembentangan tersebut, para pemimpin lain meletakkan tangan mereka pada "Pelan

Yesus" dan berdoa untuk kuasa dan rahmat Tuhan. Para pemimpin berdoa pada masa yang sama untuk pemimpin yang telah membentangkan pelan mereka.

- Salah seorang pemimpin menutup waktu doa tersebut sebagai Roh yang memimpin. Pada masa tersebut, orang yang membentangkan "Pelan Yesus" mereka tadi, memegangnya hampir dengan hati mereka dan kumpulan itu berkata, "Ambil salib anda dan ikuti Yesus" tiga kali secara serentak.
- Ulangi langkah-langkah yang digariskan di atas sehingga setiap pemimpin telah membentangkan "Pelan Yesus" mereka.
- Selepas setiap orang telah membentangkan pelan mereka, para pemimpin boleh menyertai mana-mana kumpulan yang belum selesai. Akhirnya, setiap kumpulan telah bergabung dengan yang lain sehingga hanya terdapat satu kumpulan besar yang tinggal.
- Akhiri masa latihan tersebut dengan menyanyikan lagu dedikasi ibadah yang bermakna kepada para pelajar di dalam kumpulan tersebut.

Bahagian 3

SUMBER-SUMBER

Pelajaran Lanjutan

Kami menganggap pengarang-pengarang berikut sebagai yang terbaik dalam membantu melatih pemimpin radikal. Buku pertama untuk diterjemahkan dalam kerja misi anda adalah Alkitab. Selepas itu, kami mengesyorkan anda menterjemahkan tujuh buku berikut sebagai asas kukuh dalam pembangunan kepimpinan yang berkesan:

Blanchard, Ken and Hodges, Phil. *Lead like Jesus: Lessons from the Greatest Role Model of all Time*. Thomas Nelson, 2006.

Clinton, J. Robert. *The Making of a Leader*. NavPress Publishing Group, 1988.

Coleman, Robert E. *The Masterplan of Evangelism*. Fleming H. Revell, 1970.

Hettinga, Jan D. *Follow Me: Experiencing the Loving Leadership of Yesus*. Navpress, 1996.

Maxwell, John C. *Developing the Leader Within You*. Thomas Nelson Publishers, 1993.

Ogne, Steven L. and Nebel, Thomas P. *Empowering Leaders through Coaching*. Churchsmart Resources, 1995.

Sanders, J. Oswald. *Spiritual Leadership: Principles of Excellence for Every Believer*. Moody Publishers, 2007.

Apendiks A

SOALAN-SOALAN YANG LAZIM DITANYA

Apakah yang harus saya lakukan sekiranya saya tidak dapat menyelesaikan suatu pelajaran dalam masa satu jam setengah?

Ingatlah bahawa proses dan kandungannya adalah sama penting. Mengikuti prosesnya membina keyakinan. Kandungan yang berkualiti membawa pendidikan. Kedua-dua proses dan kualiti kandungan menghasilkan transformasi. Kesilapan yang paling biasa kami perhatikan dalam melatih orang lain adalah menyampaikan kandungan yang terlalu banyak dan tidak cukup masa untuk latihan amalan.

Kebanyakan pelajaran *Ikuti Latihan Yesus* mempunyai tempoh rehat semulajadi pada separuh pelajaran tersebut. Sekiranya anda mendapati bahawa anda tidak mempunyai masa yang cukup untuk melengkapkan pelajaran tersebut, ajarkan separuh pertama pelajaran tersebut dengan mengikuti proses latihan keseluruhan, dan lakukan baki pelajaran tersebut pada perjmpaan anda yang seterusnya. Bergantung kepada pada tahap pendidikan mereka-mereka yang anda latih, anda boleh memutuskan untuk menggunakan jadual sebegini sepanjang masa latihan tersebut.

Matlamat kita adalah untuk membantu para pelajar dewasa kita untuk menenunkan gaya kepimpinan Yesus ke setiap bahagian hidup mereka. Ianya mengambil masa dan kesabaran, tetapi merupakan pelaburan yang cukup bernilai.

Bagaimanakah rupa sebuah gerakan kepimpinan?

Tuhan sedang bergerak dengan cara yang signifikan di seluruh dunia. Pada masa ini, para penyelidik telah mendokumenkan lebih 80 pergerakan-pergerakan orang. Sekiranya mengongsikan gospel merupakan "enjin" pacuan dalam gerakan-gerakan ini, maka "rodanya" adalah pembangunan kepimpinan. Malah, ia adalah sukar untuk mengatakan sama ada ianya merupakan kepimpinan, pergerakan pengikut, atau pergerakan penubuhan gereja. Apa jua nama yang diberikan, mereka semua berkongsi satu kualiti: lelaki, wanita, belia, dan kanak-kanak dalam sfera pengaruh mereka menjadi seperti Kristus, pemimpin yang terhebat di sepanjang zaman.

Rantai kepimpinan mencirikan sebuah pergerakan kepimpinan. Kumpulan-kumpulan kecil lelaki atau wanita bertemu untuk akauntabiliti, bimbingan, dan pembelajaran. Paulus bercakap mengenai jenis rantaian seperti ini di dalam 2 Timotius 2:2. Seseorang pemimpin menerima bimbingan di dalam satu kumpulan dan seterusnya memberikan bimbingan kepada kumpulan yang lain. Rantaian kepimpinan terus berkembang ke generasi keenam atau ketujuh di dalam pergerakan-pergerakan yang maju. Mana-mana organisasi, kumpulan dakwah, atau kumpulan orang hanya boleh pergi sejauh mana pemimpin mereka boleh mengetuai mereka. Oleh itu, kepimpinan mesti sengaja ditanamkan kerana pemimpin tidak dilahirkan. Pemimpin juga perlu belajar bagaimana untuk memimpin.

Di dalam sebuah pergerakan kepimpinan, para remaja akan belajar mengenai alat-alat kepimpinan, visi, tujuan, misi, dan matlamat. Lelaki dan wanita dalam usia dua puluhan mereka mula menggunakan alat-alat ini dalam perniagaan dan kehidupan peribadi mereka. Mereka yang berusia tiga puluh tahun pula menumpukan alat-alat tersebut kepada kumpulan dakwah atau perniagaan mereka yang tertentu. Apabila seseorang itu berada dalam usia empat puluhan mereka, mereka akan mula melihat buah, hasil daripada menggunakan alat-alat kepimpinan tersebut dengan tabah. Mereka yang di dalam usia lima puluhan pula, yang telah mengikuti gaya kepimpinan Yesus untuk tempoh yang lama, akan berkhidmat sebagai model kepada generasi yang muda. Lazimnya, mereka yang di dalam usia enam puluhan mereka dapat membimbing ramai lelaki dan wanita muda sebagai pemimpin. Santo dalam usia tujuh puluhan mereka akan meninggalkan warisan kesetiaan dan keberhasilan, walaupun di dalam usia tua mereka.

Dari segi apakah, peranan mubaligh asing telah berubah mengikut masa?

Setiap misi usaha mempunyai empat fasa: penemuan, pembangunan, penempatan dan delegasi. Setiap fasa mempunyai matlamat dan cabaran yang unik. Setiap fasa juga memerlukan set kemahiran yang berbeza dari para pendakwah.

Fasa *penemuan* termasuklah mengenalpasti orang-orang yang tidak dapat dijangkau, menghantar pendakwah-pendakwah perintis dan mendapatkan tapak di kawasan-kawasan yang tidak dapat dijangkau itu. Peranan pendakwah adalah untuk meneroka, berdakwah dan berhubung dengan rakyat yang berminat. Hasil daripada tempoh ini adalah beberapa buah gereja. Walau bagaimanapun, gereja-gereja tersebut seringkali menyerupai gereja di negara kumpulan pendakwah lebih daripada negara dan budaya penerimanya. Semasa fasa penemuan, para pendakwah melakukan kira-kira lapan puluh peratus kerjanya manakala rakyat sekeliling menyumbangkan dua puluh peratus.

Beberapa gereja yang dimulakan pada fasa penemuan akan terus berkembang dan memulakan gereja-gereja yang lain, dan membawa kepada persatuan-persatuan gereja di dalam fasa *pembangunan*. Para pendakwah di dalam fasa ini membantu gereja-gereja ini untuk membuat rangkaian bersama, berdakwah, dan memulakan usaha yang berniat untuk membina pengikut di kalangan penganut. Budaya Kristian yang kecil mula berakar umbi di negara tuan rumah tersebut. Semasa fasa pembangunan, mubaligh melakukan kira-kira enam puluh peratus kerjanya manakala rakyat sekeliling menyumbangkan empat puluh peratus.

Misi akan bergerak ke fasa penempatan apabila beberapa persatuan gereja telah membentuk satu konvensyen atau rangkaian. Tempoh ini biasanya bermula dengan seratus kumpulan atau gereja dan terus membina momentum. Peranan mubaligh adalah untuk memastikan pembangunan kepimpinan yang berterusan, membantu rakyat menyelesaikan masalah –masalah kawasan, dan membantu rakyat yang dalam proses melaksanakan strategi untuk mencapai kumpulan seluruh rakyat mereka. Semasa fasa penempatan, rakyat melakukan kira-kira enam puluh peratus kerja manakala mubaligh menyumbangkan empat pulih peratus.

Fasa terakhir di dalam setiap misi adalah delegasi. Dalam fasa ini, mubaligh akan mengamanahkan kerja-kerja kepada penganut-penganut negara. Mubaligh kembali kepada kerja-kerja untuk memberikan bimbingan, mengadakan sambutan dan bekerjasama. Semasa fasa delegasi, rakyat melakukan sembilan puluh peratus kerja manakala mubaligh menyumbangkan sepuluh peratus. Fasa penemuan bermula sekali lagi, tetapi kali ini di dalam kehidupan dan kerja-kerja penganut di negara tersebut.

Mubaligh asing seharusnya menyedari bahawa mereka kini sedang berada di dalam fasa delegasi di kebanyakan bahagian dunia. Peranan utama mubaligh pada hari ini adalah memberikan bimbingan, latihan, dan membantu saudara-saudara mereka di negara tersebut untuk menjalankan misi Tuhan yang telah diberikan kepada mereka. Salah satu matlamat Ikuti Latihan Yesus adalah untuk menyediakan pendakwah dengan alat-alat yang mudah dan boleh diulangi untuk fasa delegasi.

Apakah "Peraturan 5?"

Secara mudah, seseorang perlu mengamalkan sesuatu kemahiran sebanyak lima kali sebelum mereka mempunyai keyakinan untuk melaksanakan kemahiran tersebut sendiri. Selepas melatih hampir 5,000 orang secara peribadi dalam sembilan tahun yang lalu, kami telah melihat prinsip ini terbukti berulang kali.

Seminar latihan biasanya dipenuhi dengan ramai orang dewasa yang pintar dan berkebolehan, tetapi lazimnya, tidak banyak perubahan yang berlaku di dalam kehidupan mereka selepas seminar tersebut. Satu tindakbalas yang tipikal terhadapa masalah ini adalah untuk membuatkan kandungan seminar yang lebih menarik, atau lebih diingati, atau (anda boleh isikan tempat kosong di sini). Biasanya, masalahnya bukanlah kandungan latihan, tetapi hakikat bahawa peserta tidak mengamalkannay dengan cukup untuk membuatkannya sebahagian daripada kehidupan mereka.

Mengapakah anda menggunakan terlalu banyak pergerakan tangan?

Orang akan belajar melalui apa yang mereka lihat, apa yang mereka dengar, dan apa yang mereka lakukan. Kaedah pendidikan barat menekankan jenis pembelajaran yang pertama dan kedua (terutamanya dalam format kuliah). Pelbagai kajian mendokumenkan bagaimana sedikitnya pelajaran yang dapat diserap dan disimpan oleh pelajar menggunakan hanya bercakap dan mendengar. Gaya pembelajaran ketiga – kinestetik – merupakan pendekatan yang paling diabaikan dalam melatih pelajar. Kami telah mendapati bahawa penggunaan pergerakan tangan merupakan cara yang paling mudah untuk mengajar kumpulan pelajar untuk menghafal sejumlah maklumat yang besar. Mereka yang celik dan buta huruf sama-sama dapat menyampaikan semula cerita-cerita dengan lebih baik apabila digabungkan dengan tindakan atau pergerakan tangan.

Anda perlu mengetahui bahawa kami tidak menggunakan pergerakan tangan apabila kami mula-mula melatih menggunakan *Ikuti Latihan Yesus*. Walau bagaimanapun, kami telah menukar pendekatan kami, apabila kami mengubah salah satu matlamat latihan kami, iaitu kami mahukan pelajar untuk boleh mengulangi seluruh seminar tersebut kembali kepada kami pada akhir seminar. Hafalan merupakan kaedah utama di dalam kebanyakan tetapan pembelajaran di Asia. Kini, orang ramai boleh mengulangi seluruh seminar tersebut kembali berdasarkan memori dalam sesi terakhir seminar kerana penggunaan pergerakan tangan tersebut. Mereka tidak dapat berbuat demikian sebelum kami mula menggunakannya. Selepas beberapa sesi pembelajaran, para pelajar menggemari kaedah pembelajaran aktif ini dan merasa kagum bahawa mereka boleh mengingati seluruh seminar tersebut pada penghujungnya.

Selepas kami mula menggunakan pergerakan tangan, kami mendapati peningkatan di dalam bilangan pemimpin yang melatih pemimpin. Latihan rohani melibatkan lebih daripada sekadar minda. Sekiranya hati tidak berubah, maka transformasi tidak berlaku. Menggunakan pergerakan tangan membantu memindahkan apa yang kita telah pelajari dari kepala ke hati. Itulah sebabnya kita mengajar anak-anak dengan pergerakan tangan untuk membantu mereka mengingati kebenaran-kebenaran yang penting di dalam kehidupan. Pelajar dewasa, belia, dan kanak-kanak boleh belajar dalam suasana dengan pelbagai generasi apabila kami menggunakan pergerakan tangan. Secara peribadi, saya menggunakan pergerakan tangan dengan kerap semasa saya beribadat untuk memastikan saya memberi tumpuan kepada bahagian doa yang saya ingin tumpukan - Puji-pujian, bertaubat, bertanya atau berserah.

Mengapakah pelajarannya begitu mudah?

Sebab utama mengapa pelajaran yang disampaikan adalah mudah bahawa adalah kerana kami mengikuti contoh Yesus yang mengajar dengan cara yang mudah. Dia membuatkan perkara yang kompleks menjadi mudah. Kita pula lazim membuatkan perkara yang mudah menjadi kompleks. Keutamaan Yesus adalah perubahan kehidupan, dan bukannya untuk menguasai "kebenaran yang terbaru." Apabila kita mengajar dengan cara yang mudah, kanak-kanak, belia dan orang dewasa semuanya boleh mempelajari pelajaran tersebut bersama-sama. Anda tidak memerlukan mesin pengesan ribuan dollar dengan semua loceng dan wiselnya, untuk memberitahu anda di mana letaknya arah "utara". Satu kompas yang murah pun sudah memadai.

Buku Amsal mengatakan bahawa mencari kebijaksanaan adalah tujuan yang utama. Kebijaksanaan merupakan keupayaan untuk mengaplikasikan pengetahuan kepada kehidupan dengan mahir dan adil. Kami mendapati bahawa lebih kompleks sesuatu pelan itu, lebih tinggi kemungkinannya untuk gagal. Paderi dan pendakwah di seluruh dunia mempunyai pelan misi strategik yang mengambil masa berminggu-minggu atau berbulan-bulan untuk dibangunkan. Kebanyakan daripada pelan tersebut sudah tersedia di atas suatu rak di mana-mana. Sesetengah orang berpendapat bahawa buku Amsal mengatakan untuk mengelakkan dari menjadi mudah. Peribahasa, bagaimanapun berkata, untuk mengelak daripada menjadi orang yang "bodoh". Seorang yang bijak akan melakukan sesuatu tugas dengan cara yang boleh diikuti oleh orang lain; seseorang yang bodoh melakukan sebaliknya.

Berita yang baik adalah bahawa untuk mengikuti Yesus tidak bergantung kepada kecerdikan, bakat, persekolahan, pencapaian atau personaliti seseorang. Mengikuti Yesus bergantung kepada kesanggupan seseorang untuk mematuhi perintah Yesus serta-merta, setiap masa, dan dari hati yang penuh cinta. Pengajaran yang kompleks biasanya mewujudkan pelajar yang tidak mampu untuk mengaplikasikan pelajaran tersebut untuk kehidupan harian mereka. Yesus menyuruh penganut-Nya untuk membuat pengikut dan mengajar mereka untuk mematuhi semua perintah-Nya. Kami mempercayai bahawa para guru menghalang ketaatan seseorang apabila mereka mengajarkan sesuatu pelajaran yang kompleks yang pelajar tersebut tidak dapat ajarkan kepada orang yang lain.

Apakah beberapa kesalahan biasa tang dilakukan apabila melatih orang yang lain?

Jurulatih membuat kesilapan dalam latihan dalam tiga lapangan: orang, proses, dan kandungan. Setelah melatih dan dilatih oleh ramai orang, kami ingin menawarkan pemerhatian-pemerhatian berikut untuk membantu anda mengukuhkan kemahiran anda.

Setiap pelajar datang untuk suatu sesi latihan dengan pengalaman, pengetahuan, dan kemahiran lepas yang tersendiri. Jurulatih yang tidak mempertimbangkan perkara ini pada awal sesi, menghadapi risiko melatih pelajar untuk melakukan sesuatu yang mereka sudah tahu bagaimana untuk dilakukan. Satu soalan yang mudah seperti "Apa yang anda sudah tahu mengenari perkara ini?" membantu jurulatih untuk mengetahui tahap latihan yang sesuai. Walau bagaimanapun, kami juga telah melihat jurulatih yang menganggap pelajar-pelajar tersebut mengetahui lebih daripada apa yang mereka tahu. Andaian-andaian yang tidak teruji ini sentiasa kembali untuk menggigit anda. Komunikasi dapat menyelesaikan masalah ini. Setiap orang mempunyai gaya pembelajaran yang berbeza dan ia adalah satu kesilapan untuk mendasarkan latihan anda kepada hanya satu atau dua gaya. Berbuat demikian menjamin bahawa sesetengah pelajar tidak akan mendapat manfaat seperti yang mereka boleh dapati dengan perancangan pelajaran yang lebih baik. Setiap orang juga mempunyai keperluan yang berbeza-beza mengikut personaliti mereka. Latihan dalam cara yang hanya disasarkan untuk golongan ekstrovert mengecualikan para introvert. Menumpukan perhatian kepada mereka-mereka yang memberi fokus kepada "pemikiran" tidak memberikan kesan yang sama sebagaimana pelajaran yang juga menangani "perasaan".

Proses latihan adalah satu lagi lapangan di mana guru membuat kesilapan. Latihan yang tidak memberikan peluang untuk perbincangan dan bergantung semata-mata kepada bercakap, bukanlah latihan tetapi pembentangan. Latihan merupakan satu perjalanan yang melibatkan seseorang dalam penguasaan kemahiran, kualiti sahsiah, atau pengetahuan yang menyeluruh. Kami telah menyedari bahawa terdapat tenaga pengajar yang terlalu menumpukan perhatian terhadap kandungan latihan tetapi mereka tidak memberi para pelajar peluang untuk membincangkan apa yang mereka telah pelajari. Masa-masa pembelajaran yang terkaya untuk orang dewasa adalah apabila mereka berbincang mengenai sesuatu pelajaran dan mengaplikasikannya kepada kehidupan mereka. Satu lagi kesilapan yang biasa ialah menggunakan teknik pembelajaran yang sama di sepanjang masa latihan. Mana-mana teknik latihan akan kehilangan keberkesanannya sekiranya terlalu kerap digunakan. Kesilapan yang terakhir adalah sesi latihan yang terlalu panjang. Sebagai peraturan, kami cuba untuk mengajarkan sesuatu pelajaran dalam satu pertiga daripada masa latihan tersebut. Kemudian, kami meminta para pelajar untuk berlatih dan mengamalkan pelajaran tersebut untuk satu pertiga masa seterusnya. Akhirnya, kami memimpin perbincangan tentang menggunakan pelajaran tersebut dalam satu pertiga masa yang terakhir. Dalam satu sesi sembilan puluh minit, pelajar biasanya mendengar kami bercakap selama kira-kira dua puluh minit.

Lazimnya, sebab mengapa sesi latihan berlarutan terlalu lama adalah kerana jurulatih mengongsikan terlalu banyak kandungan – lapangan terakhir di mana jurulatih biasanya membuat kesilapan. Kandungan latihan yang baik akan merangkumi pengetahuan, watak, kemahiran, dan motivasi. Sekiranya jurulatih adalah dari latar belakang barat, kemungkinan besar mereka akan memberi tumpuan kepada bahagian pengetahuan, dan menganggap bahawa "mengetahui" sesuatu akan menghasilkan yang lain. Mereka mungkin akan bercakap dengan watak dan motivasi, tetapi jarang sekali mementingkan pengamalan kemahiran. Biasanya, jurulatih tersebut akan melatih peserta menggunakan kaedah yang sama yang dimodelkan kepada mereka. Walau bagaimanapun, menggunakan kaedah yang berbeza daripada masa lalu mungkin perlu, untuk membolehkan perubahan yang sebenar berlaku di dalam kehidupan pelajar. Latihan yang unggul tidak berdasarkan penyampaian maklumat sahaja. Matlamatnya adalah transformasi. Kami telah menyedari bahawa terdapat jurulatih yang tidak menyesuaikan bahan mereka kepada suasana atau budaya yang baru, dan mereka menjangkakan penanam padi di luar bandar dapat mengendalikan kandungan yang sama sebagaimana profesional-profesional muda di bandar. Kekurangan berdoa adalah sebab yang paling biasa bagi kesilapan ini.

Kesilapan terbesar yang dibuat oleh jurulatih, mengikut pengalaman kami, adalah tidak memberikan pelajar masa yang mereka perlukan untuk mengamalkan apa yang mereka pelajari. Jurulatih menghadapi cabaran untuk melihat latihan sebagai acara yang berlaku sekali, dan bukannya satu perjalanan yang berterusan. Tanda yang pasti mengenai "prospek acara" adalah sikap, "Mereka telahpun berada di sini. Mari kita tuangkan sebanyak pembelajaran kepada mereka yang kita boleh." Memberikan fokus untuk memberikan pelajar satu proses alkitabiah untuk melatih orang lain memerlukan satu anjakan paradigma. Jurulatih akan menjadi lebih prihatin tentang orang-orang yang akan dilatih oleh pelajar mereka, dan bukannya pelajar itu sahaja. Sekiranya anda mendapati diri memberikan lebih banyak kandungan dan tiada masa untuk amalan, anda mungkin bersalah kerana memberikan mereka lebih daripada apa yang munasabah untuk mereka turuti atau berkongsi dengan orang lain. Anda menetapkan mereka untuk kegagalan, dan bukannya kejayaan.

Apa yang anda cadangkan sekiranya tiada pemimpin untuk dilatih?

Pemimpin yang meningkat naik menarik pemimpin yang meningkat naik. Apabila anda bertekad untuk mengikuti Yesus dan gaya kepimpinan-Nya, Tuhan akan memberkati dan menghantarkan orang lain untuk berjalan dengan anda. Walau bagaimanapun, kita mesti mengambil langkah keimanan yang pertama. Yesus hidup di dalam setiap penganut-Nya dan berhasrat supaya kerajaan-Nya akan datang dan kehendak-Nya dilakukan. Ketuanan dan kepimpinan bekerja bersama. Ingatlah bahawa kita tidak mempunyai sesuatu kerana kita tidak memintanya. Berdoalah agar mata anda dapat melihat pemimpin yang Tuhan sedang bangunkan. Berdoalah untuk hati yang penuh penerimaan dan galakan. Berdoalah untuk perspektif Yesus mengenai kepimpinan. Nelayan membuatkan rasul yang baik.

Tumpukan perhatian kepada orang yang Tuhan telah diberikan kepada anda, bukannya pada orang tidak ada. Mula untuk membangunkan orang-orang yang mengikuti anda menjadi pemimpin yang lebih kukuh. Setiap orang memimpin seseorang. Bapa-bapa memimpin keluarga mereka. Ibu-ibu memimpin anak-anak mereka. Guru-guru memimpin pelajar mereka. Ahli perniagaan memimpin masyarakat mereka. Prinsip-prinsip kepimpinan yang diajar di dalam *Ikuti Latihan Yesus* boleh digunakan dalam mana-mana tetapan ini. Orang akan meningkat untuk memenuhi jangkaan kita. Layanlah setiap orang seolah-olah orang itu merupakan seorang pemimpin dan lihatlah apa yang Tuhan akan lakukan dalam hidupnya.

Pertimbangkan untuk menganjurkan satu acara latihan dan kepimpinan. Hebahkan perjumpaan tersebut melalui kumpulan-kumpulan kepimpinan yang sedia ada - Kelab Lion, Dewan Perniagaan, majlis perkampungan atau pengarah sukuan. Gunakan bahan-bahan latihan ini untuk melengkapkan pemimpin-pemimpin perniagaan dengan prinsip kepimpinan daripada pemimpin yang terhebat di sepanjang zaman. Menganjurkan sesuatu acara seperti ini bukan sahaja akan memberikan anda kredibiliti di dalam masyarakat, tetapi juga membangunkan diri anda sebagai pemimpin. Sekiranya kumpulan anda tidak mempunyai pengikut Yesus, latih pemimpin dari kumpulan "sepupu", dan sampaikan visi untuk mencapai mereka-mereka yang tidak dapat dijangkau.

Apakah langkah-langkah pertama untuk seorang pemimpin apabila mereka mula melatih pemimpin-pemimpin baru?

Yesus menghabiskan seluruh malam dengan berdoa sebelum memilih pemimpin, jadi berdoa adalah tempat terbaik untuk bermula. Berdoalah bagi pemimpin untuk bangkit dari musim tuaian untuk menerajui musim menuai tersebut. Sambil anda berdoa, ingatlah bahawa Tuhan melihat ke hati dan manusia pula melihat berdasarkan kemunculan luar. Carilah kesetiaan dan watak dalam pemimpin-pemimpin yang berpotensi. Seringkali, kita menumpukan perhatian kepada bakat dan tanggapan pertama. Luangkan masa dengan berdoa dan meminta Tuhan untuk membangkitkan pemimpin-pemimpin rohani yang bersemangat.

Selepas anda telah berdoa, mulalah dengan konsisten untuk mengongsikan wawasan pemimpin dengan mengikuti contoh Yesus sebagai seorang pemimpin. Berdoalah bersama keluarga dan rakan-rakan, meminta Tuhan untuk membantu anda menjadi pemimpin yang lebih baik bersama-sama. Tanyakan kepada sesiapa yang Tuhan bawakan melintasi laluan anda sekiranya mereka ingin belajar bagaimana untuk menjadi pemimpin yang lebih kuat. Sentiasa wujudkan wawasan mengenai kawan-kawan membantu antara satu sama lain dan berkembang menjadi pemimpin yang lebih bermanfaat. Sambil anda menyatakan visi untuk membangunkan pemimpin, perhatikan sesiapa yang berminat dan menjadi bertenaga oleh apa yang anda sampaikan.

Langkah seterusnya adalah untuk meminta Tuhan untuk menunjukkan kepada anda pemimpin yang Dia sedang dirikan.

Jangan cuba untuk memilih mereka sendiri. Biarkan mereka "memilih sendiri" melalui kesanggupan mereka untuk melakukan tugas-tugas yang dikehendaki sebagai pemimpin. Kita tidak "melantik" pemimpin, tetapi "mengambil" pemimpin-pemimpin yang sudah pun menunjukkan diri mereka yang setia. Seringkali, orang "terakhir" yang kita mungkin pilih di dalam senarai kita sebagai pemimpin yang berpotensi, dipilih sebagai pilihan "pertama" oleh Tuhan. Carilah mereka-mereka yang tidak berpuas hati dengan status quo. Tumpukan perhatian kepada mereka yang bersedia untuk belajar dan mengikuti. Jangan kecewa sekiranya pihak kepimpinan di peringkat tertinggi sesebuah organisasi tidak menunjukkan minat.

Akhir sekali, mula mengambil langkah-langkah untuk memenuhi Pelan Yesus anda sendiri. Tiada apa yang menarik perhatian pemimpin yang sedia ada dan berpotensi seperti tindakan. Orang-orang suka untuk menjadi sebahagian daripada pasukan yang menang. Apabila Tuhan merahmati Pelan Yesus anda, Dia juga akan menghantarkan orang ramai untuk membantu anda. Selalunya Tuhan akan menghantarkan ahli keluarga, rakan-rakan, dan ahli perniagaan yang berjaya. Pemimpin mempunyai pengikut. Apabila anda mengikuti Yesus, ia akan memberikan orang lain satu arah yang jelas yang mereka juga boleh ikuti. Seseorang perlu untuk memulakan perjalanan ini di kalangan kumpulan rakyat anda. Biarlah ia menjadi anda!

Apakah tatacara yang berbeza yang telah digunakan oleh jurulatih untuk *Melatih Pemimpin Radikal*?

Sekiranya anda hanya mempunyai satu hari, kami mengesyorkan anda untuk mengajar pelajaran "Bagaimana Yesus Melatih Pemimpin", "Tujuh Sifat Pemimpin yang Hebat", dan "Lapan Peranan Kristus". Ini akan melengkapkan para pemimpin dengan kemahiran, watak, dan semangat untuk melatih pemimpin-pemimpin yang lain. Apabila mereka meminta anda untuk kembali, ajarkan pelajaran-pelajaran yang lain untuk mengisi pengetahuan dan kompetensi kepimpinan mereka, dan memberikan mereka pelan strategik yang baik untuk diikuti. Pendekatan ini adalah baik untuk persekitaran di mana peserta-peserta adalah sibuk dan mempunyai sedikit sahaja masa untuk menghadiri sesi latihan.

Sekiranya anda hanya boleh berjumpa dengan peserta sekali seminggu atau setiap dua minggu, kami mencadangkan anda mengajar seminar tersebut pelajaran demi pelajaran. Kemahiran-kemahiran akan dibina di atas satu sama lain dan pemimpin akan mendapat asas yang kukuh menjelang akhir sepuluh atau dua puluh minggu tersebut. Galakkan pemimpin untuk melatih pemimpin-pemimpin baru dalam tempoh di antara perjumpaan-perjumpaan anda dengan pelajaran yang anda berikan kepada mereka. Pendekatan ini adalah terbaik bagi mereka yang sibuk tetapi boleh meluangkan masa yang khusus untuk latihan ini dalam setiap minggu. Mintalah para pemimpin untuk mengajarkan mana-mana pelajaran di luar kelas untuk sesiapa yang terlepas mana-mana perjumpaan disebabkan mereka sakit atau keadaan yang tidak diduga.

Sekiranya anda mempunyai tiga hari, kami mengesyorkan anda mengikuti susunan pelajaran di dalam buku panduan ini. Benarkan banyak masa untuk perbincangan dan gunakan masa rehat untuk pertemuan satu sama satu dengan setiap pemimpin. Pada akhir setiap sesi, minta para pemimpin untuk memberikan respon terhadap soalan yang berikut: "Apakah yang Tuhan katakan kepada anda mengenai pelajaran ini?" Benarkan mereka untuk memproses jawapan mereka dengan kumpulan itu. Pelajar dewasa belajar dengan lebih baik apabila mereka membincangkan dan bergelut dengan isu-isu bersama. Anda juga akan mengetahui dengan lebih mendalam tentang keperluan kumpulan anda. Pendekatan ini adalah terbaik bagi Seminari atau Sekolah Alkitab, dengan paderi sepenuh masa, dan di persekitaran luar bandar atau kampung di mana orang-orangnya bekerja mengikut musim pertanian.

Apendiks B

SENARAI SEMAKAN

Satu Bulan Sebelum Latihan

- o *Dapatkan Bantuan Sebuah Pasukan Doa* – Dapatkan bantuan sebuah pasukan doa seramai dua belas orang untuk menjadi pengantara untuk sesi latihan tersebut, sebelum dan semasa minggu latihan. Ini adalah SANGAT penting!
- o *Dapatkan Bantuan Seorang Perantis* –Dapatkan bantuan seorang perantis untuk menjadi jurulatih pasukan bersama anda, seseorang yang sebelum ini telah menghadiri *Melatih Pemimpin Radikal*.
- o *Jemput Peserta* – Jemput para peserta dalam cara yang sensitif terhadap budaya mereka. Hantarkan surat, jemputan, atau buat panggilan telefon. Saiz kumpulan yang terbaik untuk latihan *Melatih Pemimpin Radikal* ialah dengan tetapan seminar seramai 16-24 pemimpin. Dengan bantuan beberapa orang perantis, anda boleh melatih sehingga 50 pemimpin sekali. Sesi *Melatih Pemimpin Radikal* juga boleh dilakukan dengan berkesan secara mingguan dengan sekumpulan tiga atau lebih pemimpin.

Apendiks B

- *Sahkan Logistik* – Aturkan keperluan perumahan, makanan dan pengangkutan yang akan diperlukan oleh para pemimpin.
- *Sahkan Tempat untuk Latihan* – Aturkan sebuah bilik mesyuarat dengan dua meja untuk bekalan di belakang bilik, kerusi disusun di dalam bulatan untuk para peserta dan sediakan ruang yang besar untuk aktiviti pembelajaran sepanjang sesi latihan. Sekiranya ia lebih sesuai, aturkan untuk sehelai tikar di atas lantai menggantikan kerusi. Rancang untuk menyediakan sesi rehat sebanyak dua kali setiap hari dengan menghidangkan kopi, teh, dan makanan ringan.
- *Kumpulkan Bahan Latihan* – Kumpulkan Alkitab, papan putih atau helaian kertas yang besar, nota pelajar, nota pemimpin, penanda warna atau krayon, buku nota (seperti yang digunakan oleh pelajar di sekolah), pen atau pensel, bola Chinlone, dan hadiah-hadiah.
- *Aturkan Masa-masa Ibadat* – Gunakan lembaran lagu atau buku korus untuk setiap peserta. Cari seseorang di dalam kumpulan tersebut yang boleh bermain gitar dan mintanya untuk membantu anda memimpin masa-masa ibadat.

Selepas Latihan

- *Nilai Setiap Bahagian Latihan tersebut dengan Perantis Anda* – Luangkan masa untuk mengkaji semula dan menilai sesi latihan bersama perantis anda. Buatkan senarai Positif dan Negatif. Buat rancangan untuk memperbaiki sesi latihan seterusnya.
- *Berhubung dengan Perantis-perantis yang Berpotensi tentang Membantu Anda Dalam Sesi Latihan Akan Datang* – Hubungi dua atau tiga pemimpin yang telah menunjukkan potensi kepimpinan semasa latihan untuk membantu anda dengan Latihan *Melatih Pemimpin Radikal* pada masa akan datang.

o *Galakkan Peserta Latihan untuk Membawa Kawan Mereka untuk Sesi Latihan yang Seterusnya* – Galakkan peserta latihan untuk kembali bersama dengan rakan kerja dakwah mereka untuk sesi seterusnya yang mereka akan hadiri. Berbuat demikian akan mempercepatkan bilangan pemimpin yang melatih pemimpin yang lain.

Apendiks C

Nota-nota Penterjemah

Penulis memberikan kebenaran untuk menterjemahkan bahan latihan ini ke bahasa-bahsa lain sebagaimana yang diarahkan oleh Tuhan. Sila gunakan panduan berikut apabila menterjemahkan bahan-bahan Ikuti Latihan Yesus (IKY):

- Sebelum memulakan kerja-kerja terjemahan, kami mengesyorkan anda untuk melatih orang lain dengan bahan-bahan IKY untuk beberapa kali. Terjemahan perlu menekankan pengertian dan bukannya secara literal, diterjemahkan perkataan demi perkataan. Sebagai contoh, sekiranya "berjalan dengan Roh" diterjemahkan sebagai "hidup dengan Roh" di dalam versi Alkitab anda, gunakan ungkapan "hidup dengan Roh" di dalam bahan IKY. Ubahsuai pergerakan tangan sebagaimana diperlukan.
- Terjemahan itu perlu dibuat dalam bahasa biasa dan bukannya "bahasa agama" orang-orang anda, seberapa banyak yang mungkin.
- Apabila memetik petikan kitab, gunakan terjemahan Alkitab yang dapat difahami oleh kebanyakan orang di dalam kumpulan anda. Sekiranya hanya satu terjemahan yang wujud, dan ia adalah sukar untuk difahami, kemaskinikan terma-terma di dalam petikan Kitab Suci itu untuk menjadikannya lebih jelas.

- Gunakan istilah yang mempunyai maksud yang positif bagi setiap lapan gambar Kristus. Kerapkali, pasukan latihan mungkin perlu bereksperimen dengan "istilah yang betul" beberapa kali sebelum mendapatkan istilah yang sesuai.
- Terjemahkan "santo" dengan satu istilah di dalam budaya anda yang menggambarkan seseorang yang suci. Sekiranya perkataan yang digunakan untuk menggambarkan kesucian Yesus di dalam bahasa anda mempunyai erti yang sama seperti "santo," adalah tidak perlu untuk menggunakan terma "Yang Suci." Kami menggunakan terma "Yang Suci" di dalam bahan-bahan ini kerana "santo" tidak menggambarkan Yesus dengan sepenuhnya.
- Perkataan "Hamba" kadangkala sukar untuk diterjemahkan dalam erti kata yang positif, tetapi ia adalah penting untuk anda melakukannya. Berhati-hati apabila memilih istilah yang sesuai untuk memberikan maksud seseorang yang bekerja keras, mempunyai hati yang merendah diri, dan gemar membantu orang lain. Kebanyakan budaya mempunyai idea menggunakan "hati hamba."
- Kami telah menyesuaikan beberapa skit pembelajaran untuk Asia Tenggara berasaskan seminar "Latih dan Darab" oleh George Patterson. Anda boleh dengan bebasnya menyesuaikan skit tersebut dengan budaya anda, menggunakan barangan dan idea-idea yang biasa kepada kumpulan orang anda.
- Kami akan merasa gembira untuk mendengar tentang kerja-kerja anda dan membantu anda dalam apa-apa cara yang boleh.
- Hubungi kami di lanfam@FollowJesusTraining.com untuk bekerjasama dan melihat lebih ramai orang mengikuti Yesus!

Apendiks D

Sumber-sumber Tambahan

Anda boleh mengakses beberapa sumber dalam talian yang dapat membantu anda melatih mereka yang lain untuk mengikuti Yesus di *www.FollowJesusTraining.com*.

Sumber-sumber yang boleh didapati termasuklah:

1. *Artikel dan pandangan penulis mengenai latihan-latihan.*
2. *Video untuk kesemua pergerakan tangan yang digunakan di dalam Melatih Pemimpin Radikal.*
3. *Terjemahan untuk Melatih Pemimpin Radikal. Terjemahan-terjemahan yang boleh didapati mempunyai kualiti yang berbeza dan anda disarankan untuk menyemaknya dengan seseorang penganut tempatan nasional anda sebelum menggunakannya.*

Hubungi kami di *lanfam@FollowJesusTraining.com* untuk maklumat lanjut berkenaan projek-projek dan acara-acara latihan terkini.

www.ingramcontent.com/pod-product-compliance
Lightning Source LLC
Chambersburg PA
CBHW071454040426
42444CB00008B/1327